当代华人经济学家文库

主编/胡必亮　赵建廷

编委/胡必亮　赵建廷

樊　纲　黄有光

林毅夫　张　军

当代·华人

经济学家

文·库

蔡昉自选集

山西出版传媒集团
山西经济出版社

图书在版编目（CIP）数据

蔡昉自选集／蔡昉著．—太原：山西经济出版社，2013
（当代华人经济学家文库）
ISBN 978－7－80767－670－6

Ⅰ．①蔡…　Ⅱ．①蔡…　Ⅲ．①人口经济学－中国－文集②劳动经济学－中国－文集　Ⅳ．①C 924.2－53 ②F 249.2－53

中国版本图书馆 CIP 数据核字（2013）第 108780 号

蔡昉自选集

著　　者：蔡　昉
出 版 人：赵建廷
责任编辑：李慧平
助理责编：侯铁民
装帧设计：陈　婷

出 版 者：山西出版传媒集团·山西经济出版社
社　　址：太原市建设南路 21 号
邮　　编：030012
电　　话：0351－4922133（发行中心）
　　　　　0351－4922085（综合办）
E－mail：sxjjfx@163.com
　　　　　jingjshb@sxskcb.com
网　　址：www.sxjjcb.com

经 销 者：山西出版传媒集团·山西经济出版社
承 印 者：山西出版传媒集团·山西新华印业有限公司

开　　本：787mm×1092mm　1/16
印　　张：10.25
字　　数：153 千字
印　　数：1－3 000 册
版　　次：2013 年 6 月　第 1 版
印　　次：2013 年 6 月　第 1 次印刷
书　　号：ISBN 978－7－80767－670－6
定　　价：25.00 元

总序

改革开放以来，中国经济增长、社会转型与政治改革都表现出循序渐进、健康稳步发展的良好势头。工业化、城市化、信息化、全球化等多种力量在同一时期汇聚于中国发展的历史大舞台，为中国的加速发展创造了千载难逢的历史性机遇并直接提供了强劲的动力。中国的和平崛起已经成为新世纪人类历史发展新阶段的重大事件，并引起了全世界的普遍关注。

变革的时代必然产生创新的思想。在中国发生这场伟大的历史性变革过程中，中国大陆经济学家，香港、澳门和台湾经济学家以及旅居海外的华人经济学家共同见证和详细观察了这场具有革命性意义的伟大变迁甚至直接参与其中，根据中国国情并参照国际经验，创立了许多具有重大创新意义的经济学理论。这些经济学理论一方面源于中国改革开放的伟大实践，另一方面也对这一伟大实践起到了重要的理论指导作用。将这些经济学家独立创新的经济学理论梳理清楚，并整理出来，不仅有利于世界经济学界正确认识和理解中国经济学与中国经济学家，也有利于我们从一个侧面深入理解中国在这样一个特殊历史时期的一系列改革开放政策。

20 世纪，山西经济出版社曾出版了一套《中国当代经济学家文丛》，收录了国内 59 位经济学家的选集，在中国经济学界产生了深远的影响。在此基础上，21 世纪拟出版一套《当代华人经济学家文库》，收录全球华人中卓有建树的经济学家的代表作。与其他类似的图书相比，这套文库具有三个主要特点：一是强调理论性，即所选文章必须是理论性论文；二是强调独创性，所选论文要求理论观点鲜明，而且必须具有原创性；三是强调规范性，即所选论文的写作方式必须符合经济学研究的基本规范。

从本文库的编辑形式来看，也具有一定的独特性：首先，每篇作者自选的论文后面都有一篇作者的自述短文或本研究领域学术权威（包括相关研究机构、学术报刊等）的评论文章，对该文的研究背景、创新意义及其学术影响做出实事求是的评论，以帮助读者进一步理解文章的学术价值；其次，不论作者创新的理论观点多寡，文章长短，著作厚薄，只要有五万字以上文字即可成书，重在原创性；最后，除文库主编（创意提出者与设计者）外，文库编委会成员皆由入选作者组成，为保证本文库较高的学术水准，每部候选著作都必须经编委会成员全数通过，方可入选。

经过近30年的改革开放，中国经济已经基本融入全球经济一体化过程之中。相应地，中国经济学与中国经济学家也正逐步走向世界。我们期待着，曾经产生过许多世界上最优秀的古代思想家的中华民族，也将在新的历史时代产生许多世界上最优秀的现代经济学家。

“人事有代谢，往来成古今。江山留胜迹，我辈复登临。”我们希望，这套文库成为当代华人经济学家贡献给历史和后人的一处独特的学术风景，为构建中国经济学繁荣与发展之大厦起到铺路石的作用。

主　编

2006年6月10日

学术小传

蔡昉，1956年9月生于北京，籍贯江西萍乡。先后毕业于中国人民大学、中国社会科学院研究生院。1989年获得经济学博士学位。中共十七大、十八大代表；第十一届、十二届全国人大代表、全国人大常委会委员、农业与农村委员会委员；中国社会科学院学部委员。1998年以来担任中国社会科学院人口与劳动经济研究所所长。

20世纪90年代以来分别获得“做出突出贡献的中国博士学位获得者”、国家级“有突出贡献的中青年专家”、出国留学人员杰出成就奖等表彰。入选全国宣传文化系统“四个一批”人才。近年获中华人口奖、张培刚发展经济学优秀成果奖、孙冶方经济科学奖、中国农村发展研究奖、中国软科学奖。被评选为“影响新中国60年经济建设的100位经济学家”之一。曾经先后三次在中共中央政治局集体学习中，分别就我国就业问题和“十二五”规划等专题进行讲解。

兼任中国人口学会副会长、国家规划专家委员会委员，以及一些政府部委的专家委员会委员，国内外若干重要学术期刊的编委等。曾先后多次担任世界银行、亚洲开发银行、联合国开发计划署、经济合作与发展组织、国际劳工组织等国际组织项目顾问。担任美国科学院项目顾问、2009年《人类发展报告》顾问委员会成员、世界经济论坛人口理事会成员和老龄化理事会成员、英国皇家学会人与地球工作组成员、《世界发展报告（2013）》顾问委员会委员。

主要研究领域包括：改革开放时期的“三农”问题、劳动经济学、中国经济发展、收入分配和贫困等领域。过去10年中出版著述或主编中文专著30部，个人文集8部，英文著作7部，发表中文论文数百篇，英文论文40余篇。出版专著《中国经济——改革与发展》《刘易斯转折点——中国经济发展新阶段》《避免“中等收入陷阱”——探寻中国未来的增长源泉》等，主编《中国经济转型30年》和《中国人口与劳动问题绿皮书》系列等。

自序

我是在改革开放伊始便进入大学学习的一代幸运儿，研究生毕业之后一直从事学术研究，涉足劳动经济学、人口经济学、中国经济改革、经济增长、收入分配和贫困以及“三农”问题的理论与政策等领域。我所走过的研究道路，可以概括为从农业经济学入手，进而研究经济发展战略和改革策略问题、地区经济增长问题、流动人口问题、劳动就业问题等，着眼于探索中国摆脱贫困之路，并探索不同于西方新古典传统理论的经济学方法论，力图建造一个逻辑上一贯的中国发展经济学体系。

我尝试从国家发展战略和经济增长可持续性的宏观角度看待和研究中国人口问题，结合经济学和人口学理论把人口、劳动力市场和就业问题融为一体，研究人口红利对国家经济发展的作用。具体估算了改革开放时期人口红利对中国经济增长的贡献，预见到人口红利的消失及其政策含义，揭示了人口与可持续发展及相应的人口政策问题的关系，在国家人口发展战略研究中发挥了重要的作用。

从宏观经济发展和区域发展的角度研究人口和劳动力流动问题，深入到最基层进行调查研究，把人口学分析引入了劳动经济学和发展经济学研究。我最早撰文倡导就业优先原则，经过长期论证和广泛的讨论，最终被决策者接受并写入中央文件。根据人口转变的趋势和劳动力市场变化动态，我较早对劳动力供求形势做出了独到的判断，提出中国经济已经到达刘易斯转折点，认为目前我国的劳动力供给结构已经从劳动力过剩向劳动力供给平衡乃至短缺转变。虽然遭到很多批评意见，但是，现实的发展表明，这些研究对宏观和微观的长期增长战略，具有重要的启发。

受胡必亮教授和赵建廷社长的约请，并得到本丛书其他编委的同意和鼓励，我自己选择了9篇以前发表过的文章，结成这本论文集。这些文章固然说不上如何优秀，但是，每一篇记录了我个人的连续思考和探索，也在相关的学术和政策讨论中起到了一定的推波助澜作用。而且，从事后来看，当时提出这些问题是有针对性的，所持的观点也是站得住脚的，甚至时至今日许多认识问题和政策问题仍未得到解决，还需要继续研究和讨论。

对于本文集的出版，在首先要感谢丛书编委胡必亮、赵建廷、樊纲、黄有光、林毅夫和张军之外，还要感谢责任编辑李慧平以及所有鼓励我、帮助我的出版社工作人员。我在中国社会科学院人口与劳动经济研究所的同事，多年以来也对我的研究工作给予了支持和帮助，包括直接与我合作从事研究、分摊我的事务性工作，以及提供各种科研辅助工作。借此机会我要对他们表示衷心的感谢。我的家人特别是妻子和孩子对我工作狂般的生活方式的容忍，也是一种了不起的奉献。

蔡昉

2013年春于北京

目录

比较优势与农业发展政策 *

农业发展政策是对适应特定经济发展战略而形成的有关农业经济的资源配置方式、宏观调控手段和激励机制等一系列制度安排的总称。对每一组内生形成的制度结构来说,制度适应性是制度安排的重要含义之一,农业发展政策各个组成部分改革的不配套性必然导致农业发展中的矛盾。理解我国农业市场化进程中的制度适应性,并由此在市场经济的新的支点上选择一种内在统一的农业发展政策,是本文讨论的中心。

一、传统农业发展政策及其控制原理

我国传统的农业发展政策是适应重工业优先发展战略的需要,于20世纪50年代后期形成的。

选择重工业优先发展的战略,产生了两个矛盾,一是重工业的资本密集型特征与当时资本稀缺状况的矛盾,一是重工业发展要求很强的资源动员能力与当时要素市场十分不发达状况的矛盾。面对这两对矛盾,实际推行重工业优先发展的战略,除了形成一套以扭曲产品和要素价格为主要内容的宏观政策环境之外,还要建立一种能够不依赖市场机制的资源分配体制和直接的积累渠道。人为压低利率、汇率、能源原材料价格和工资的宏观政策环境,是为了降低重工业发展的成本。其中低工资政策又需要以农产品等基本生活资料的低价供给为条件。传统的农业发展政策便以此为逻辑起点而逐渐形成。

20世纪50年代初,国家为了以低价掌握必要的农副产品以保证工业发展和城市需要实行了对主要农副产品的统购统销政策。在这种强制性的制度安排下,大部分农副产品的购销和定价都是由国家垄断的。然而,此时还不能确保农民能够完全按照政府所要求的品种和数量生产农产品,也不能保证农民将其生产要素完全有效地投入到农业

* 本文原载于《经济研究》,1994(6)。

生产中去，因此就要求有更深入一步的制度安排，以切断生产要素的流出渠道，并可以直接贯彻国家的计划。适应这种制度需求，20世纪50年代末在农业合作化的基础上迅速实现了农村的人民公社化，农业中劳动、资本和土地被集中起来统一使用，根据国家下达的种植计划生产出的产品及其价值则按照国家征购、集体积累、社员劳动报酬这样的顺序进行分配。在该制度下由于农业生产要素受到制度约束不能自由转移，其机会成本几乎为零，报酬虽然被压到了均衡水平之下，但只要仍然为正数或大于机会成本，要素的供给量就不发生变化，一定的农产品生产及供给就可以得到保障。由此我们看到统购统销制度与人民公社体制在适应重工业优先发展战略及其相应政策环境条件下的内在统一性。

统一在重工业优先发展战略之下的统购统销制度和人民公社体制，构成了传统农业发展政策的基本制度结构。这种农业发展政策不仅解决了降低重工业发展成本的问题，也提供了一种强制性地从农业提取工业化积累的方式。从上面的叙述可以看到，传统农业发展政策的出发点是要用低于均衡水平的价格收购农产品，而达到这一点的基本手段就是通过相应的制度安排实行农产品生产和供给的数量控制。图1有助于我们理解这种低价数量控制的基本原理。

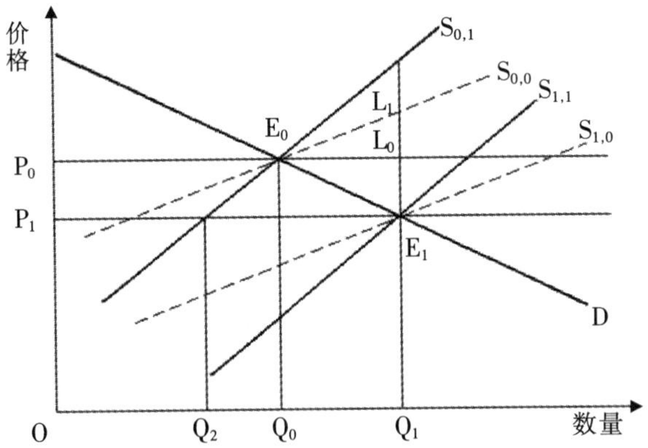

图1　农产品低价数量控制原理

我们假定图1中P_0和Q_0分别为市场均衡条件下的农产品价格和数量。在实行低价收购农产品政策的情形下，收购价格被定在均衡水平之下，如图中的P_1。在这种价格水平之下，农民所愿意提供的产品数量和社会需求量就产生差别，如图中Q_1Q_2。由于政府的责任是保证工业化所必需的农产品供给，所以需要借助于直接计划的办法对农产品生产实行数量控制。假设政府设定的数量控制目标为 OQ_1，则意味政府强制性认定农业生产者的边际成本(供给)曲线为 S_1，而不承认实际的边际成本线 S_0。用这种数量控制手段，国家实现了以低价收购既定数量农产品的政策目标，但却给生产者带来了福利损失。

这个损失量就是农民根据实际的边际生产成本所不愿生产，而在政策强制下不得不在国家认定的边际成本水平上生产的两种福利效果之间的差额，表现为图中的三角形面积 $E_0E_1L_0$。这就是传统农业发展政策的福利效果。此外，图 1 还显示出另一个性质。我们给出两对斜率不同的边际生产成本曲线，分别为 $S_{0,1}$ 和 $S_{1,1}$ 以及 $S_{0,0}$ 和$S_{1,0}$。在较陡的一对曲线 $S_{0,1}$ 和 $S_{1,1}$ 产生差别的情况下，生产者的福利损失为较大的三角形 $E_0E_1L_1$；在较平缓的一对曲线 $S_{0,0}$ 和 $S_{1,0}$ 产生差别的情况下，生产者的福利损失为较小的三角形 $E_0E_1L_0$。这一性质的现实含义为，生产者生产一定产品的追加成本越高，在低价收购和数量控制的制度安排下的福利损失就越大。

二、市场化改革的演进形态及其特征

20 世纪 70 年代末开始，在全国范围内迅速推开的家庭联产承包制，是针对人民公社体制下劳动激励不足、缺乏生产积极性的弊端而进行的重大改革。其实质性的意义就是以家庭联产承包制的确立为起点，我国农业的资源配置方式逐渐向市场机制过渡。但是，传统农业发展政策是适应重工业优先发展的战略及其相应的宏观政策环境而形成的，在后者没有根本改变的条件下，农业中资源配置就不可能转变到完全的市场调节基础上。20 世纪 80 年代中期以来农业中出现的问题，正是在这种市场化改革进程中所产生的特有矛盾，它们与非市场条件下的传统农业发展政策有着内在逻辑上的延续性，又孕育着市场经济条件下农业发展政策新支点的选择取向。因此，我们根据 6 个定性标志，把农业经济市场化改革过程按照三种形态的演进序列进行分析，既有利于理解当前农业发展的症结所在，也有利于明确进一步改革的方向(见表 1)。

表 1　农业市场化改革演进形态

定性标志	传统农业发展政策形态	发展政策转变形态	市场经济下农业发展政策形态
与国际市场的衔接	无	无	有
国内统一市场	无	少量	有
粮食价格形成机制	强控制	双轨	放开
经济作物价格形成机制	强控制	基本放开	放开
粮食数量控制程度	强	较强	无
经济作物数量控制程度	强	较松	无

在传统农业发展政策形态下，农业经济中基本不存在市场机制。虽然有对外贸易存在，但国际市场状况与国内的资源配置毫不衔接；国内省际存在着国营商业部门的农产品调拨，但并不是以市场形式而是完全按计划方式组织的；粮食和经济作物的价格都由国家统一制定，并被压低到均衡水平之下；作物的生产、种植也受到严格的数量控制。所以，这种形态是市场化的最低级形态。如前所述，在这种制度结构下，农民被强制性征税，为国家工业化提供积累资金。但对于不同地区，农业经济的福利损失是不一样的。虽然农产品的普遍短缺是我国经济中的现实矛盾，但粮食作为最基本的生活必需品则是短缺中的要害产品，加上缺少外部经济联系，以及国家安全、外汇紧缺、国内运输能力弱等因素，使得“以粮为纲”、自给自足成为传统农业发展政策的一个必然组成部分。因此，各地无论是否具有生产粮食的比较优势，都被要求实现粮食的区域自给。

如图 1 所显示的，越是具有较陡的边际成本曲线，在低价和数量控制政策条件下的福利损失就越大。由于粮食自给政策，各地农业生产边际成本受到粮食边际成本的极大影响。因此，对于那些具有粮食生产比较优势的地区，农业的边际成本曲线较为平缓（如图 1 中的 $S_{0,0}$），在传统政策下的福利损失就较小（三角形 $E_0E_1L_0$）。而对于那些不具有种粮比较优势的地区，生产单位农产品的追加成本就上升更快（供给曲线为 $S_{0,1}$），在政策约束之下的福利损失就更大（三角形 $E_0E_1L_1$）。根据“比较优势原则”，一个地区的经济规模越小，其各种产品都能满足自给自足的能力越弱或成本越高，进行区际贸易之前贸易产品的相对价格与贸易后的相对价格差异就越大，由贸易所获得的收益也越大①。反过来看，对于这些小经济来说，强制实行自给自足、禁绝贸易所造成的福利损失是很大的。把这个原理用在经济作物与粮食的关系上，我们就会看到，由于粮食是生活消费的最主要部分，所以那些在经济作物上有比较优势的地区，生产类型比之消费类型更为专业化，则在丧失贸易机会后的收益降低就更加严重。在实际执行粮食自给政策的过程中，为了操作上的必要，自给的要求就一级一级向下提出，使粮食自给自足的单位很小，造成了多重福利损失。

在农业发展政策向以市场经济为支点的政策转变阶段，市场机制对于农业资源配置的调节作用大大增强。这个阶段农业资源配置机制的特点是双轨并存。由于这种双轨制特征，那些在经济作物上具有比较优势的地区部分地从强制性种粮食的重负之下摆脱出来，因而从刚刚起步的市场机制和区域间贸易中获益最大。这主要由两个原因形成：第一，那些具有经济作物比较优势或不具有种粮比较优势的地区，由于被提供了一定的贸易机会，以及仅在一个固定的数量上受到种植及收购的约束，因而可以把更大比例的资源分配到经济作物的生产上，并由此改变农业的边际成本曲线（使之变得平缓）。第二，由于在粮食的控制上保留更多的传统政策痕迹，而经济作物更多地受市场的调节，所以种植经济作物较之种植粮食，能够获得更符合市场均衡价格的补偿。这时，不仅具有经济作物比较优势的地区能有较大收益，就是那些在粮食上具有比较优势的地区也愿意多种经济作物。

但是，归根结底，维持对粮食生产和供给的较强的数量控制，妨碍了农业比较优势的发挥。首先，那些在经济作物上具有比较优势的地区，仍然要承担粮食基本自给自足的责任。只有落实了中央要求的粮食种植面积之后，才能心安理得地发展经济作物②。其次，从全国来看，农业中比较优势已经逐渐由粮食转到经济作物上，所以，继续使国内资源配置与国际市场脱钩，实行粮食自给政策，会给我国农业发展带来极大障碍，产生巨大的福利代价。图 2 描述了一个模型，其可能的福利效果无论对于区域自给自足还是对于全国范围的自给自足都是适

---

① 吉利斯（Gillis），帕金斯（Perkins），罗默（Roemer）和斯诺德格拉斯（Snodgrass）：《发展经济学》（“Economics of Development”），经济科学出版社，1989，第 530–531 页。

② 这种种植面积的要求有时以收购数量的要求间接给出。

用的。假设一种产品最初的市场均衡是与国际市场一致的,即在需求与国内供给相等的均衡数量 Q_0 上，均衡价格 $P_0$①与国际市场价格相等。当国内生产该产品的比较优势下降之后,就意味着供给曲线向左上方移动,从 S_0 转移到 S_1。在国内需求数量保持不变的条件下,要保持 Q_0 的国内供给量,生产者就必须在更高的边际成本水平(R 点)上进行生产。要做到这一点,一种办法就是把价格提高到保护水平上,即从 P_0 提到 P_1,另一种办法就是保持价格不变,用数量控制的方式强制生产者提供 Q_0 的供给量。在这两种情形下,都产生如面积 E_1E_0R 的福利损失,差别仅在于由谁来承担这个损失。在提价的情形下,这个福利损失由消费者或(在实行物价补贴的情况下)由政府负担;在数量控制的情形下,生产者承担这个代价。如果农业政策选择始终在这两种可能性之间权衡、打转转,则很难完成向市场经济的农业发展政策的转变。图 2 还提示出另一选择,即把国内生产与国际市场价格相衔接。在小国假设②的条件之下,按照国际市场价格 P_0,国内生产者只生产 OQ_1 数量。这就意味着自给自足政策的放弃,国内需求不能满足的部分(Q_1Q_0)则从国际市场上购买。根据比较优势原则,由于各国生产要素禀赋存在差异,而不同产品具有不同的要素含量,因此,在相对丰裕的生产要素的产品上实行生产专业化,并出口这类产品,同时进口相对稀缺生产要素的产品,可以获得福利上的收益。

---

① 这个模型中的“价格”不一定指价格的绝对水平。由于我们考虑的是生产某种产品的比较优势而不是绝对优势,所以这里的“价格”可以理解为“生产某种产品的国内资源成本(DRC)”。这个概念表示在生产某一产品时,每追加一单位的资源投入可以赚取的或节省的外汇，用来表示在该产品生产上的国内比较优势，或受到的保护，请见 Pearson(皮尔森),Akrasanec(阿克拉萨尼)and Nelson(内尔森):“Compararive Advantage in Rice Production: A Methodological Introduction”(《水稻生产的比较优势：方法论概述》),Food Research Institute Studies,1976, No.2.

② 即假设一国产品供给数量以及该国在国际市场上的购买或销售数量不会引起国际市场相应产品价格的变动。

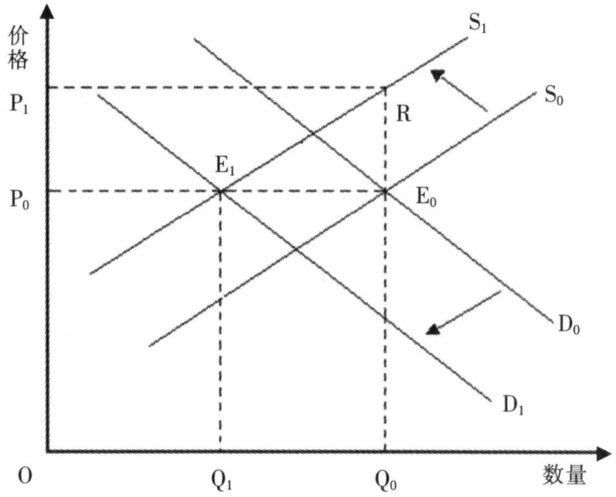

图 2　农产品价格和数量控制模型

因此,农业经济市场化改革的目标模式的第一个要素就是国内农业资源配置与国际市场衔接。除此之外,应形成比较完备、统一的国内农产品市场;包括粮食、经济作物在内的农产品价格完全由市场形成,价格机制调节产品的供求和反映要素的相对稀缺性;政府通过平准机制来对产品市场的稳定性进行宏观调控,但这种调控手段既不能妨碍价格机制的作用,也不能充当数量控制的借口。在这种完备、统一的市场机制条件下,生产者才能真正按照各地比较优势配置农业资源,以取得最大的福利收益。这样一种改革的目标模式,也就是市场经济条件下的农业发展政策形态,它是以市场机制为基础、以发挥农业比较优势为目标①的一整套制度安排。

三、农业中比较优势发挥的实证分析

关于农业经济市场化演进形态的理论分析表明,我国农业几十年

① 钱纳利将比较优势原则应用于经济发展政策的评论,批评了传统经济增长理论,从而为一种新的增长理论开启了思路。参见 Chenery (钱纳利):"Comparative Advantage and Development Policy"(《比较优势与发展政策》),The American Economic Review, March,1961.

发展的得失,在相当大的程度上取决于能否发挥比较优势或充分利用专业化这一增长的重要源泉。特别是在家庭联产承包制确立并逐步完善之后,微观层次或直接生产、经营过程中的激励问题已基本解决,进一步改革传统农业发展政策的关键就集中到能否建立起完备的市场机制,发挥农业比较优势,以保持我国农业的长期竞争力。对改革前后我国农业经济实际增长效果的实证分析,有助于我们印证上述论点。

我们大致上可以将20世纪50年代后期至80年代中期以前认作是传统农业发展政策主导农业资源配置的典型时期,将80年代中期至今认作是农业发展政策的转变时期,因而我们面临着如何完成这一转变,形成市场经济条件下的农业发展政策的选择。我们知道,粮食、棉花、油料的统购统销政策是在1953年开始实行的,随后又分别将一系列其他重要农副产品纳入了统购统销的轨道[①]。而人民公社体制则是在50年代末期以一场运动的方式迅速建立起来的。在这之后,农业中产品和生产要素的流动完全被国家垄断了。到70年代末和80年代初,家庭联产承包制从试验到推广,迅速取代了人民公社体制。这个时期的制度变革根本改变了农业生产过程中的微观激励机制,并导致了农业的巨大增长。但是,一方面家庭联产承包制在这个时期还处在逐步推行的阶段,另一方面农产品统购统销制度尚未受到根本触动,从整体上,传统农业发展政策仍然支配着资源的配置。

由于实行粮食的全国和区域多层次自给自足的政策,并采取低价和数量控制手段执行收购任务,在改革之前的很长时间里,在粮食生产上不具有比较优势的地区承受了更大的负担;而在20世纪70年代末和80年代初,农业的激励性政策也更多地倾斜在粮食生产上,具有粮食比较优势的地区获益较多。为了衡量各地区农业比较优势所在,并分别来观察不同比较优势下的农业增长绩效,我们以各地区经济作物与粮食的单位面积产值相比,再以此比值与全国该比值的平均水平相比,这就是各地区经济作物的"比较优势指数"(简称CAI指数)[②]。根

---

① 在用语上,"统购"的范围仅限于粮棉油。而另外一部分称为"派购",依产品关系国计民生的重要性还有其他等级的管制。但其在价格和数量上的控制原理是一样的。

② World Bank(世界银行):"China: Long Term Issues and Options"(《中国:长期问题与选择》),Annex B. Rep. No.5206-CHA. Washington D. C.,1985.

据比较优势在一定时期内既发生较大变化、又保持某种连续性的特点,我们计算了1983~1989年分省的CAI指数,并以各省自治区的该指标与全国平均值相比。综观整个7年,将CAI指数具有最高的高于平均水平的频率的地区作为具有经济作物比较优势(或不具有粮食比较优势)的代表,将其他地区作为具有粮食比较优势的代表。剔除若干不正常值后,发现在传统农业发展政策环境下,具有粮食比较优势的地区,农业增长快于不具有粮食比较优势的地区。将各省市自治区1976~1978年平均农业总产值与1954~1956年平均农业总产值相比,计算出各地农业的增长率,而把具有粮食比较优势地区增长率的算术平均值与不具有粮食比较优势地区增长率的算术平均值相比,得出具有粮食比较优势地区农业增长的领先系数为1.28;而以1983~1985年农业总产值平均值与1976~1978年农业总产值平均值计算的该领先系数则为1.04。可见80年代以来,农业激励的倾斜方向已有所变化,但粮食仍保持着占优势的地位。

20世纪80年代中期以后,除粮食、棉花以外的农副产品都陆续放开,市场机制成为基本的调节手段。总体上来看,国内农产品的区际贸易已开始进行,市场调节农业资源配置的价格上受到的刺激较大,因而在该类产品上具有比较优势的地区,农业增长较快。以1990~1991年的平均值与1983~1985年的平均值比较,具有粮食比较优势的地区农业总产值的增长已明显滞后于具有经济作物比较优势的地区,前述具有粮食比较优势地区农业增长的领先系数已降为0.86。

与此同时,把我国农业经济作为一个整体来看,在粮食生产上的比较优势在迅速降低。一个经济的比较优势取决于生产要素的禀赋。我国是一个劳动力丰富而土地相对稀缺的经济,而农业中粮食生产恰恰具有使用较少劳动力较多土地的特点。从20世纪70年代末开始的农业改革,刺激起了广大农民的劳动积极性,大大提高了劳动生产率,而耕地面积却在不断减少。这种情况使得劳动力剩余和人均耕地不足的现象愈加突出,因而在粮食生产上比较优势迅速丧失。20世纪70年代初到1987年我国种植业"显示性比较优势指数"(以一国某种产品的出口份额与全世界该产品的总出口份额相比),从2.3下降到1.3,水稻从36.33降到2.25,小麦从0.25降到0.20,油料从2.40降到1.02,与粮食相反,经济作物倾向于使用更多的劳动力和较少的土地,因此,粮食比较优势下降的过程同时就是经济作物比较优势提高的过程。在市场发挥了较大调节作用的条件下，价格机制就表现出对粮食的抑制和对经济作物的刺激倾向。如果是在一个开放的经济中，比较优势的变化及价格刺激的倾向性将引导国内更多的农业资源投入到经济作物生产中，而相应增加粮食的进口，可以使我国经济在整体上得益。然而，在仍然坚持粮食自给自足政策，从而国际市场与国内资源配置不相衔接的条件下，不继续对粮食的区域自给实行严格的数量控制，就不能保证有足够的激励使国内供给达到需要的水平。因此，虽然农产品的价格在逐步改革，市场化水平不断提高，但是对各地区粮食供给的数量控制仍然保留，这使得农业比较优势不能得到发挥。

四、市场经济条件下的农业发展政策选择

目前，我国农业无疑是处在由传统农业发展政策向市场经济条件下的农业发展政策转变的阶段。无论从历史的演变还是现实的比较看，都可以看到一个具有规律性的现象，即在人均收入较低的阶段，农业倾向于被征税；而在人均收入较高的阶段，农业倾向于受到保护。也就是说，农业保护是一定发展阶段上的现象。让我们借助一个农业保护（对农业的征税可以看做是一种负保护）的政策市场的分析框架①，用图 3 来说明农业政策扭曲的形成，以及对农业征税政策与农业保护政策之间的递嬗关系。在一个农业保护政策市场上，是否提供这种政策，在何种程度上提供，政府要权衡提供该政策的预期收益和预期成本，根据政治领导人执政机会最大化的效用目标做出决策。一方面，一个利益集团预期从一项特殊政策获益越多，其对政府提供这一政策的要求就越强烈。另一方面，因某一政策而招致损失的利益集团对该政策的抵制越有效，提供这一政策的政治成本就越高。在图 3 中，横轴表示保护程度，由左向右逐步增强，O 点为保护程度为零的点，表示不征

① 速水（Hayami）：《日本农业保护政策探索》（"Japanese Agriculture under Siege"），中国物价出版社，1993，第 121-123 页；Anderson（安德森）："International dimensions of the political economy of distortionary price and trade policies"（《从国际角度讨论扭曲价格和贸易政策的政治经济》）from" Open Economies: Structural Adjustment and Agriculture"（《开放经济：结构调整与农业》），Edited by Goldinand Winters，1991，第 291-296 页。

税也无保护。纵轴表示实行保护政策为政策制定人带来的边际政治收益和边际政治成本。通常,随着保护程度的提高,支持该政策的集团活动强度减弱,而反对该政策的集团活动加强。在图 3 中表现为政府实行农业保护政策的边际收益下降,而边际成本提高。对于政策制定人来说,满足最大预期政治利益的选择均衡点即为边际收益和边际成本相等处(见图 3)。

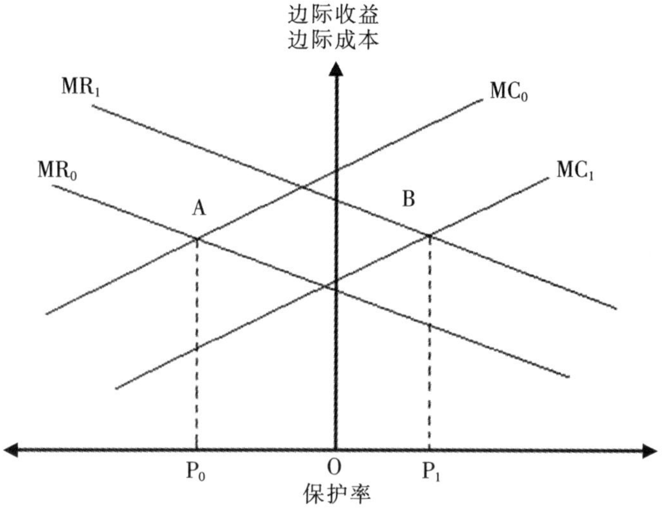

图 3　农业保护政策分析

在农业经济占有很大比重的发展阶段上,由于居住分散和免费搭车的问题,农民组织起来对政策施加影响的能力很弱;而城市工商业需要维持劳动力再生产的低费用,并且具有较强的政策影响力,政府实行农业保护政策的成本较高、收益较低。因此,在多数国家,农业扭曲政策表现为对农业征税或负保护(如图 3 中的 P_0 点)。随着经济发展和人均收入的提高,首先,食品支出在居民消费支出中的比重已经降低,消费者对食品价格上涨的承受力和容忍程度已大大增强。这降低了农业保护政策的成本。其次,农业产值和就业份额都已大大降低,对于经济结构中这较小部分的保护,成本也降低了。第三,随着农业人口减少和教育水平的提高,以及交通、通信设施日趋发达,农民组织的成本降低,其呼声开始具有较大的政策影响力,免费搭车的可能性降低。这加强了农业保护政策的需求压力和不实行农业保护政策的政治成本。第四,由于在这个转折之前,农业通常处于被征税或被强制地为工业化积累的状态,因此,当有条件扭转传统政策偏向时,道义上的舆论说辞可以降低实行这种矫枉过正政策的说服费用。最后,由于农业比较优势的下降和丧失,使处在这个发展阶段上的国家有变为农产品净进口国的倾向,这使得实行农业保护政策具有实际的需要。维持国家食品安全这个理由,也成为实行保护政策的收益。正是由于这一系列原因,大量国家和地区在农业比较优势丧失之际,十分自然地从传统的对农业征税的政策,过渡到保护农业的政策(如图 3 中的 P_1 点)。

我国农业已经表现出从征税政策向保护政策转变的端倪,尤其是对粮食的保护可能会在不久的将来成为农业经济政策的核心。第一,粮食历来被看作关系国计民生的头等重要产品,是国家经济安全的基本象征,所以,从上到下各级政府的政策目标都要把粮食稳定供给放在重要位置。第二,农村社会的稳定取决于农民的收入水平,而不少人误以为稳住或维持一个较高的粮食相对价格可以解决农民增收问题。因此,重视农村、重视农业、重视粮食的呼声总能够得到反映。这也就意味着农民的谈判地位的提高。第三,城市居民由于收入提高较快,对于粮食价格上涨的承受力大大增强。

作为扭曲政策之一的农业保护政策,其造成的福利损失对于完备的市场机制形成的阻碍作用, 以及派生出的一系列体制僵化等等,在经济学分析的维度上已经可以做出无可争议的证明①。而我国目前所产生的实行农业保护政策的趋向,还有着特别值得指出的危险。首先,如果农业保护倾向发展下去,我国必然陷入粮食的自给自足的封闭循环。既然不能利用国际贸易来消解我国农业比较优势下降的矛盾,则只好在提高粮食价格和加强数量控制两者之间选择。由于目前我国农业劳动力仍然占有很大的比重,实行保护价格无论是政府还是消费者都是承受不起的,所以很可能要偏于借助对粮食生产实行数量控制的手段。数量控制的福利效果前面已经充分论述,比较优势这一农业增长的重要源泉被阻断,就意味着中国农业发展道路的黯淡。其次,国内农业目前面临的矛盾都是源自不能利用国际市场发挥比较优势。而如果将排斥国际贸易定型为既定的制度前提,人们就会发现,国内市场

---

① 蔡昉:《论农业保护及其替代政策》,载《农村经济与社会》,1993(2)。

越是发育，粮食生产就越是处在不利的价格地位，维持其持续发展就勉为其难。很自然，就会形成“市场经济无助于中国农业”的认识，而在政策实践上则倾向于加强对粮食的数量控制而抛开市场机制。这样，农业中资源配置基础难以转到市场机制上来，社会主义市场经济在农业就会留下死角。在面临着不同的政策选择可能性的关头，我们应坚决避免新的农业政策扭曲，而把农业发展政策的新支点放在通过市场机制的全面作用，发挥我国农业比较优势上面。

自述之一

我的教育背景是农业经济学，“三农”问题也是我长期关注和孜孜以求的研究重点。关于农业保护问题的研究，是我在这个领域中的一个持续关注点。早在20世纪90年代前期，我就观察到随着农业份额的下降，继续在“取”和“予”之间做文章，并不能解决农业发展的机制问题和激励问题。因此，在一系列文章中，我提出“对农业（广义）征税和对农业进行保护，都是一种扭曲”，并对中国农业即将从前者到后者的转变表示了担忧，提出农业改革的方向是建立一个能够自生发展的资源配置机制。

在《经济研究》1994年第6期发表的《比较优势与农业发展政策》以及其他文章中，我指出，实行农业保护政策同实行农业剥夺政策一样，都是扭曲性的政策，有很高的福利代价。在我国农业比较优势较低、农业相对收益趋于下降的发展阶段上，尤其应避免错误的政策选择，防止从一种扭曲走向另一种扭曲。因此，我国农业政策选择应建立在发挥比较优势、参与国际经济分工的基点之上。

本文发表之后，我遇到了澳大利亚国立大学的郜若素（Ross Garnaut）教授。经过深入交谈，他表示非常赞同我的观点，随后我们一起与黄益平博士一道，进行了进一步的研究，提供了更多的数量证据和国际经验，最后一起发表了文章，提出了中国农业面临从剥夺到保护的转折点的判断。与这一系列研究相关的观点，在当时引起了重要的讨论，总体来说是反对的意见为主。

首先，借助国际市场发挥比较优势，似乎意味着需要更多进口那些土地使用型，因而在中国缺乏比较优势的粮食作物。这在当时是很难为人所接受的，所以遭到很多学者们的批评。在那以后不到10年，中国加入了世界贸易组织（WTO），从那以后又是10余年过去了，如今大豆等粮食进口的确为我国节约了大量稀缺的土地资源和水资源。按照陈锡文的说法，进口数量和比重虽然不大，依然对于弥补我国6亿亩农作物播种面积(约20%)缺口，起到了重要的作用。

其次，说中国农业已经面临着从被征税到被保护的阶段性变化，对于从事“三农”问题研究的人们来说，在那个时候是很难接受的。在农业经济学这个圈子里,为农民争取更多的政策支持,不仅被看作是天经地义的,而且应该是不分阶段,没有时间界限的。其实,对于这个关于中国农业是否有可能转向保护性扭曲政策的疑问,时隔不久便被更加严格的粮食收购政策及其实施效果所证实。对于这项政策,理论和政策研究者都有异议,但是,很少有人从政策扭曲的大背景来认识。

正是因为如此,我认为,经历近20年的政策演变,实践证明这个讨论仍然具有很强的针对性,甚至在今天也分外紧迫。进入到21世纪,我国的“三农”事业经历了黄金时期,主要表现在国家财政对农业的明显倾斜,以及实施一系列“多予少取”和“只予不取”的政策措施。然而,一个自始至终没有发生变化的传统思维是,许多“三农”问题学者和政策研究者,仍然把农业看作是一个天生的弱质产业,必然缺乏国际竞争力,从而不能完全自生自立。

在这种认识指导下,农业越来越偏离到市场机制的边缘地带。总体而言,我国目前“三农”事业仍然是建立在政府补贴的基础上,而不是靠现代化的生产方式以及价格激励机制。国家各类种粮补贴逐年增加,粮食最低收购价格不断提高。最低收购价格定得过高的一个结果则是,粮食、棉花等大宗农产品几乎完全被最低价收购所覆盖,已经没有什么随行就市的市场交易了。

中国共产党第十八次全国代表大会提出:促进工业化、信息化、城镇化、农业现代化同步发展。这一方针在社会上被概括为“四化”同步。而要做到这一点的必然前提,则是在工业化、信息化、城镇化、农业现代化之间建立相同的激励机制,创造相同的激励力度。很显然,把农业当做“伊壁鸠鲁的神”,置于市场机制的缝隙之中,不足以形成必要的激励,同步发展终究难以做到。

虽然在发达国家普遍存在政府对农业的补贴,但是,真正具有可持续性和竞争力的发达农业,归根结底是建立在农业本身的自立能力基础上的。诚然,中国目前的发展阶段,仍然需要实行城市支持乡村、工业反哺农业的政策。但是,着眼于未来,构造现代化农业的生产方式基础,已经越来越具有紧迫性。从一定意义上来说,近20年前本文所提出的问题,至今仍未破题。立此存照,有待在解放思想的前提下进一步研究。

劳动力流动、择业与自组织过程中的经济理性*

劳动力大规模、跨地区流动，形成汹涌的民工潮，是20世纪80年代中期以来广为各界关注的社会现象。然而，目前的理论和政策都还是以这样一种认识为前提的，即把劳动力流动过程看作是一种非理性行为。本文试图通过对我国劳动力迁移现象的考察，揭示外出农村劳动力在流动择业过程中所表现出的微观理性，从而否定劳动力流动的"盲目"说，并反省现有的关于流动劳动力的政策思路。

一、"托达罗教条"和盲流观念

迄今为止，关于劳动力迁移的理论模型，最为著名且影响深远的莫过于托达罗的理论①。把迁移劳动力视为"盲流"的观点就是他最早提出的。后来，学者们根据他的模型和观点推论出了"托达罗教条"。在过去的几十年里，不少经济学家和政策制定人深受"托达罗教条"的影响，后者做出的政策决定及实施的政策手段，也深深地打上了这一教条的烙印。

所谓"托达罗教条"，包含两个结论。第一，迁移数量或迁移率直接随着就业概率的变化而变化，城市就业机会越多，来自农村的劳动力移民规模也就越大，随之而来的则是城市失业率的上升。第二，既然城市就业机会影响或决定迁移行为，农村劳动力基本上是根据对于城市就业概率的了解而做出迁移与否的决策的，那么，迁移在相当大的程度上是"盲目的"。

当托达罗用城乡预期收入差别来解释劳动力迁移时，他是用城市实际收入乘以城市就业概率来表示城市的预期收入的。由于城市就业概率是失业率的倒数，于是，假设城市实际收入水平不变，失业率越

---

* 本文原载于《中国社会科学》，1997(4)。

① Todaro："A Model of Labor Migration and Urban Unemployment in Less Developed Countries", American Economic Review, Vol.69, March 1969.

高，预期收入越低，对农村劳动力的吸引力越小，迁移规模也相应地较小。反之，城市就业概率越大，预期收入越高，对农村劳动力的吸引力越大，迁移规模就会相应扩大。由此推论，城市当局任何创造就业机会的努力，都只会吸引更多的移民进城，而不会真正降低城市失业率。所以，如果不对迁移施以有效的约束，任何试图扩大城市就业的努力都会付诸流水。

一个为托达罗所津津乐道的例证，是1964年发生在肯尼亚的一次政策实验。当时，国际劳工组织提出一个建议，主张发展中国家政府通过税收杠杆和补贴手段，鼓励私人企业多雇用一些劳动力。也就是说，通过给私人业主一些利益上的好处，诱使他们雇用超过其实际需求数量的工人，以便降低城市失业率。肯尼亚政府响应了这个建议。结果，这种超过需求的雇用水平，如一块磁铁吸引了大量农村劳动力流入城市，进入到这种新增加的被雇用行列中。然而没过几个月，绝大多数参与该项目的企业，都因不能承受增加了劳动力雇用而把雇用数量重新降低到原先的水平。城市失业率不仅没有真正降低，反而上升了。由“创造”新的就业机会这块磁铁吸引到城市中的农村劳动力，由于不能得到期望的就业机会而变成“盲目流动的”劳动力。

有趣的是，托达罗对这个所谓的“托达罗教条”持强烈的怀疑态度。针对一些人从他的模型推演出这个结论，托达罗在一篇文章中极力表白自己：“我当时并不打算走向这个极端，现在仍不打算这样做，而且我认为，一经就业创造水平提高就会使城市失业率上升的说法，从经验上看是不正确的。”[①]然而，从托达罗模型中关于就业概率与迁移规模之间关系的说法、所引用的事例，演绎出以上结论也算符合逻辑。

就算不应该让托达罗对“就业机会越多，失业率越高”这个教条负责，让他对“城乡迁移须加控制”的教条负责，该是不冤枉的。在他与哈里斯合作的一篇著名文章中，他们提出的政策主张就包括了从数量上

---

① 转引自 Bhattacharya：“Rural-Urban Migration in Economic Development”, Journal of Economic Surveys, Vol.7. No.3, September 1993.

对农村劳动力迁移规模进行控制的内容[1]。

对于农村劳动力向城市的迁移,政府要出面给予某种限制这种教条,可谓十分流行,影响深远。它潜在的理论依据是认为这种迁移中的劳动力,即使不是盲目的,至少也是在仅仅对城市就业市场有个相当模糊的了解后便蜂拥而至,以至一旦城市就业市场不如其所想的那样拥有足够的吸纳能力,就陷于失业状态,或者涌入非正规部门暂且栖身。因此,实际上大多数迁移者仍然被看作是盲目的。

按照上面的逻辑,当直接的当事人缺乏经济理性时,政府的干预就有了充足的理由。就我国目前情况来说,出于保护城里人的地区性利益动机,以及对农村民工流动盲目性的看法,城市政府采用了各种各样的手段限制劳动力迁移到城市。许许多多的研究者也接受了同样的“托达罗教条”,以忧国忧民的态度,为如何控制劳动力流动规模而出谋划策。

然而,问题是“托达罗教条”究竟有多少合理性?它究竟能否解释农民流动的经验事实?如果我们动摇了它的合理性,那么,反省已有的理论模型和政策思想就是合乎逻辑的事情。

二、迁移理性:契约性而非投机性

作为理性的人,一个典型迁移者寻求职业的过程,是个在成本和收益之间进行权衡的选择过程。通常,在考虑到留在家乡的终身预期收入的情况下,他的心目中首先有了一个概念,即在减去迁移成本之后,愿意迁移的预期收入。或者说,他的头脑里事先对迁移出去已经有了一个“保留工资”标准,即愿意接受的工资水平。而且,这个保留工资是有所依据和可行的。例如,根据笔者在济南市对1504名外来民工的抽样调查[2](见图1),迁移者在迁出之前都有一个对迁移的预期

① Harris and Todaro:“Migration, Unemployment and Development: A Two-Sector Analysis”, American Economic Review, Vol.60, March 1970.

② 该调查是由本课题组负责问卷和抽样方案设计,由山东省农村抽样调查队具体实施,于1995年7月完成。抽样总体为济南市15岁以上已就业的农村外来人口。抽样方法采取两阶段按比例分层抽样(two-stage proportional stratified sampling method),共抽取济南市内4个行政区下属12个派出所管辖地区的1504名外来民工作为被调查对象。

收入，而且事后的结果表明，这个预期水平都未超过实际可能获得的工资水平。

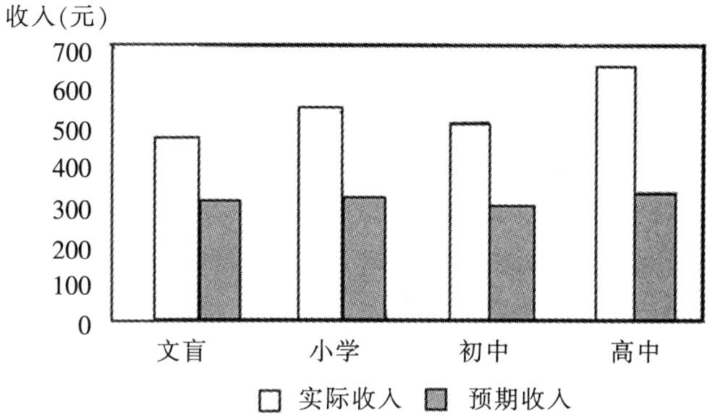

图1　迁移收入：预期的与实际的

资料来源：济南市抽样调查，1995年。

在心中有一个保留工资标准的条件下，迁移者开始其寻找就业机会的过程。值得注意的是，这个寻找工作的过程并不等于流动过程。在迁移出去之前，身在家乡同样可以开始他的寻职过程。通过一系列努力，当这个潜在迁移者发现了能够获得超过他头脑里的保留工资水平的工作时，一般来说他就会接受这个机会。至此，第一次寻找工作的过程就结束了。

然而，劳动力流动面临着种种不确定性。作为潜在的迁移者，他迁移的目的，是要在异地得到一个优于原先就业岗位的新工作，取得更高的净收入。一般来说，其成功的可能性依次取决于三个条件。第一，潜在的迁移者能否流动起来；第二，在他流动起来以后，能否寻找到一个新的就业岗位；第三，这个新的就业岗位是否适合于他的人力资本[①]和期望。

以上三个条件分别又取决于一系列外部的经济、社会环境。对于

① 人力资本是体现在人身上的技能和生产知识的存量。在我国经济学界，以舒尔茨为代表的人力资本理论对于教育等智力因素具有高回报率的研究已经广为人知，对福格尔等一些经济学家所作的关于营养、健康等体力因素的人力资本对于生产效率影响的工作的了解则较少。而从20世纪80年代到最近的类似研究都表明了后者也是相当重要的。

潜在的迁移者来说，最为重要的是他是否能够获得足够的信息，从而抓住并利用它们。我们知道，掌握信息和利用信息的能力，是劳动者人力资本素质的一个重要体现。由于迁移是否成功在于迁移者是否实现了预期的收入提高，所以，一个想要成功地实现迁移的劳动者，他必备的人力资本是能够获得两种必要的信息：目的地相应岗位的工资水平和他本人获得这个岗位的可能性。

根据这种必要信息的说法，一个潜在的迁移者，最终能否实现迁移，迁移的成功性如何，在具有相同就业机会的条件下，通常依迁移者的人力资本、迁移距离和迁移者在寻找岗位过程中所付出的努力程度，而有不同的结果。体现人力资本差异的受教育程度、年龄和家庭角色等方面的特征所具有的不同迁移行为，值得专门进行研究。这里，我们关心的是，迁移是一个根据粗略、模糊的信息而上路的过程，还是一个完成了相对稳妥的签约行为之后的过程？

如果一个潜在的迁移者单单依靠有关目的地的一般性就业和收入的一般性信息就做出迁移决策，那么，确实会成为盲目的流动劳动力。然而，大量国内外证据表明，以寻找就业机会为目标的劳动力迁移并不是盲目的。在发展中国家，无论是整个城市范围的调查，还是对城市贫民区的专门调查，结论都显示，迁移者通常是在较短的时间里就获得了在迁移地的就业机会。在拉丁美洲智利的圣迭戈市，调查者曾经请那些在过去10年内迁入该市的劳动者回忆，迁移来以后用了多长时间获得了第一个工作。回答说在2天以内的累积比率为43%，在1个月内的占66%，在6个月内的占85%。在包括里约热内卢和圣保罗在内的巴西6个城市所作的调查表明，迁移者在1个月内找到工作的，男性占85%，女性占74%；不到6个月就找到工作的，男性概率为95%，女性为90%。秘鲁首都利马的迁移者中，3个月内找到工作的超过75%。亚非拉的情景没有大的差别。据对韩国首都汉城（今首尔）迁移家庭的户主调查，迁移前事先安排好工作的占26%，很快找到工作的占64%，6个月内找到工作的占76%。再看坦桑尼亚的情形，那些从农村迁移到城市的13岁以上的男性迁移者，80%在3个月内找到了工作，6个月内找到工作的则超过90%。

对城市贫民区所作的调查得出了同样的结论。圣迭戈贫民区以手工劳动者和自我雇用的手工业者为主的迁移人口中，47%一到城里立即找到了工作，91%在3个月内找到工作。阿根廷首都布宜诺斯艾利斯以零工和粗工为主的移民，有74%在两个星期内获得就业，85%在1个月内找到工作。巴西里约热内卢贫民区有粗工经验的移民以及过去从事技术工作的移民，在1个月内找到工作的概率分别为85%和65%[①]。

我国的劳动力迁移调查也表明，迁移者在做出迁移决策时，一般性信息并不重要。从济南市问卷结果可知，民工迁移前对济南市劳动力市场的了解程度很低，声称"了解"的只占7.2%，"了解一些"的占51.8%，宣称"不了解"的高达41.1%。然而，他们并不是在缺乏信息的情况下就贸然迁移的。我们在调查中发现，山东省民工中74%是在迁移前已经找到了工作，外省民工迁移前找到工作的比例也达30%以上。而把迁移前已经找好工作的与迁移后1个月之内找到工作的加起来，占全部民工的95%以上。我们还发现，接受调查的民工在外出时，绝大多数随身携带的生活费不超过400元。按照济南市的最低生活标准为200元计算，这意味着这些钱不足以支持其2个月的生活。由此应该做出这样的判断，即流动劳动力通常在事先已经找好了工作，或者至少得到了确切的就业机会信息。

由此看来，劳动力流动显然不是"风险投机型"，而更接近"契约型"。也就是说，潜在的迁移者，经常在迁移之前就获得了一个就业"契约"，或者至少是一个就业"期货契约"，从而最大限度地减小了盲目流入城市而成为失业者的风险。因此，关于农村劳动力流动是盲目的说法是站不住脚的。

三、信息、距离与人力资本

上面所揭示的劳动力迁移的非盲目性，得益于他们获取信息的实用性，即主要通过其在城市的社会关系，获得关于能否找到工作的信息(见表1)。或者说，农民向城市的迁移，在相当大的程度上是靠他们社会关系的帮助实现的。

---

① Yap:"The Attraction of Cities:A Review of the Migration Literarure",Journal of Development Economics, No.4, 1977.

表1　迁移者决策的信息来源(%)

信息来源	本省	外省	合计
在城市居住的亲属或朋友	31.3	24.5	30.9
在城市打工的同乡或朋友	31.5	51.0	32.9
村里的亲属或朋友	13.0	5.9	12.5
外地亲属或朋友	4.6	6.9	4.8
新闻媒体	2.7	4.9	2.9
招工广告	2.1	2.0	2.1
当地政府	3.1	0.0	2.9
招工队	10.3	2.0	9.7
其他	1.3	2.9	1.4
合计	100	100	100

资料来源:济南市抽样调查,1995年。

表1表明,在劳动力市场发育水平较低而且不规范的条件下,以亲缘、地缘为主要维系方式的社会关系,在帮助迁移者获得就业机会方面的作用十分重要。济南市被调查民工中有75%以上是通过老乡或亲戚帮助找到进城后第一份工作的。其他关于外出打工者获得工作的调查,显示出几乎同样的特征,甚至同样的比例①。

不仅中国的情况如此,许多对于发展中国家迁移的研究也表明了社会关系对于迁移决策的显著影响。20世纪70年代对非洲一些国家迁移的调查发现,到城市寻找就业机会的劳动者中,大约2/3表示亲戚、朋友是其最重要的信息来源,50%以上的迁移者在刚刚来到城里时,获得了亲友在食品和居住方面的帮助②。

对于迁移者来说,目的地离家乡的距离越近,有亲属、朋友或老乡

① 参见"农村劳动力流动的组织化特征"课题组:《农村劳动力流动的组织化特征》,载《社会学研究》,1997(1)。

② 参见 Yap:"The Attraction of Cities:A Review of the Migration Literarure",Journal of Development Economics, No.4, 1977.

等社会关系的机会越多,反之亦然。距离和社会关系之间呈现出某种相关关系。所以,距离也成为十分重要的影响迁移决策的因素。也就是说,当迁移的目的地与家乡的距离增加之后,潜在迁移者在迁移目的地有社会关系的机会就会减少,获得信息和其他帮助的可能性也会降低,迁移数量也会相应减少。

在济南市打工的外地劳动力中,外省流入的只占6.7%,而且这部分人只有30.4%事先找好了工作,较之本省流动劳动力低了43.6个百分点。美国的一项研究表明,美国国内地区的迁移距离每增加1英里所造成的迁移成本,需要5美元的预期收入差别才能予以补偿[①]。另一项研究也十分有趣,在其他因素不变的条件下,对一个想要迁移到瑞典的北欧国家居民来说,到迁移目的地的距离每增加1倍,他选择迁移到该地区的可能性就降低50%[②]。那么,另外的50%的可能性意味着什么呢?换句话说,谁最有可能突破距离的障碍,实现范围更广阔的迁移呢?

在劳动力市场上,对于寻找合适的就业机会者来说,谁的人力资本和社会资源越具优势,谁获得的机会越多,谁选择的范围就越广泛,从而最可能突破距离的障碍。这里的所谓人力资本和社会资源主要包括获取和理解信息的能力,更为广泛的社会关系,较强的承担风险能力,以及对于各种职业的适应性等。

所以,凭借自身特定的人力资本和社会资源条件扩大流动范围,就成为提高迁移者收入水平的一种寻职策略。我们在济南市的调查显示,越是寻职范围大的劳动者,越能获得更高的收入。观察一下图2,可以很清晰地看到跨省迁移次数与平均收入水平之间的正相关关系。此外我们还发现,外省迁移者中53%成为雇主,而本省迁移者中成为雇主的只有8.6%。如果把当上"老板"看作是比"受雇于人"更为成功的迁移结果,则跨省迁移者具有更高的成功能力和概率。

把这种跨省次数对收入水平的正面影响,与不离开本地而改换工作岗位的情形作一个比较,十分有意思。从图2看,改换岗位1~3次的劳动者的收入,还不如从未换过岗位的劳动者的收入高。前已述及,一般

①② 参见 Mamermesh and Ress:"The Economics of Work and Pay", Harper Collins College Pubblishers,1993,第 241 页。

来说，当一个迁移者遇到第一个与心目中的保留工资相吻合的就业机会时，他会接受这个机会。特别是，大部分迁移者是依靠亲戚、朋友的帮助，在尽可能短的时间内找到工作，他倾向于只以心目中的保留工资做出判断。所以，他接受的第一个工作通常是收入较低的。

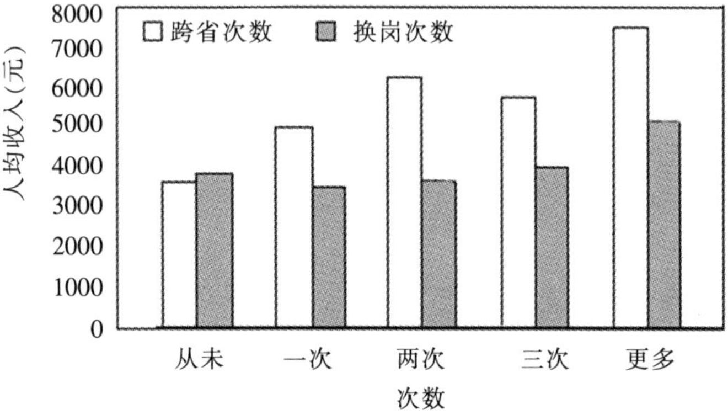

图2　跨省、换岗与收入

资料来源：济南市抽样调查，1995年。

一旦迁移者在第一个工作岗位上停留下来，他就会结交一些打工的朋友，还认识了一些城里人，他的社会关系网络就随之扩大了，于是，对于原先的社会关系的依赖程度相应降低。同时，拿着目前的工资，他承受转移成本的能力也提高了。对于这个打工者来说，第二个工作机会不像第一次那样生死攸关。现在，他既可以等待，也可以接受培训，并且可以在工作中增强技能，与此同时，他在信息获取方面的能力也会不断提高。因而，发现更加适合自己工作的机会也就增加了。

无疑，这些人只要发现更适合自己的工作，或者收入更高的工作，就会做出更换岗位的决定。在济南市调查的迁移者中，本省民工更换过工作的比例为15.8%，外省民工更换过工作的比例为19.6%。对这些“跳槽”的人来说，这时的选择既可以是提高收入取向的，也可以是提高工作满意度取向的。也就是说，这些人对第一个工作不甚满意。与此相反，如果一个人对他获得的第一个工作比较满意，他从第一个岗位上“跳槽”出来的可能性就大大减少。这就足以解释，为什么没有更换过工作岗位的民工收入反而高于“跳槽”三次以下的民工。

四、都市里的村庄：制度需求与供给

流动中的劳动力面临着经济成本、心理成本、就业歧视等一系列迁移障碍。突破现行政策、制度、法规以及社会习俗所设置的障碍，不仅有赖于迁移者个人所具有的人力资本，还需要种种制度和组织提供服务。

如果说制度是人们的社会行为超过个人的限度后，为了降低交易费用而产生的，则组织便可以被看作既是个人能力的一种延伸，也是为执行制度所设立的一种形式。由此可见，人们对于制度和组织都是有所需求的。劳动力迁移和流动作为一种社会现象、经济过程，同样必然会产生对制度和组织的需求。

为了实现迁移和寻职的成功，流动劳动力需要个人力量所不能及的一系列制度和组织服务。例如，当我们问到济南市流动民工最需要当地政府提供哪些帮助时，他们中答曰"不需要"的不到1%，希望"与本地人享有相同的户口政策"的占58.7%，需要政府提供"招工信息和统一劳务市场"的占20.3%，急需解决"住房和医疗社会保障"的占14.2%，需要解决"子女上学或入托"问题的占2.6%，其他占3.6%。这里列举的问题都是该利益集团的特定的制度与组织需求。反过来，上述方面又可以看作是目前政府未能提供的服务。

众所周知，国家为了推行重工业优先发展战略而形成了抑制劳动力流动和保护城里人福利不外溢的制度框架。这套制度结构具有一定的完整性，当城市政府尚未把农村来的劳动力看作是城市发展不可或缺的组成部分时，抑制甚至歧视政策就很难发生根本的改变，指望城市政府自觉地提供上述服务为时尚早。

有强烈的制度和组织需求，而政府还没有准备好提供这种服务，就意味着产生了一个制度和组织的空白点，就会生长出一种替代。于是，作为政府的正规性制度和组织的替代，流动劳动力自己出来制定规则、形成组织，非正规性制度和组织应运而生。它们是与大的政策环境不相吻合的一系列自发性的制度安排和组织建设。

那么，作为政府提供的制度和组织服务不足的替代，流动民工是怎样自我服务和自我组织的呢？

流动民工自我提供组织服务的第一种形式表现在组织外出方面。调查表明，济南市民工寻找到第一份工作有75%以上是通过老乡或亲属介绍的，而他们外出时有56.5%是与老乡或朋友一道。另一项研究得出的结果更加显著。该研究把外出方式中采取家庭成员带出、本地亲戚带出、本村村民带出和外地亲友介绍等四种方式的民工相加，占到全部外出民工的83%[①]。这种情况在一定程度上反映了民工自发的组织形式(见图3)。

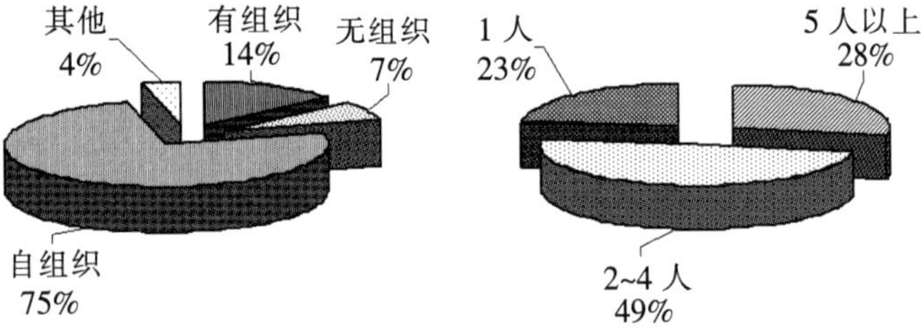

图3　迁移的形式与规模

有的研究[②]把劳动力外出中“外地亲友帮助联系”“本地外出民工介绍”和“跟随他人一道外出”三种情形定义为外出民工的自组织的形式；把“劳动服务组织介绍”“外地企业来招工”和“村集体组织外出”三种情形定义为有组织的形式；把“无人帮助、自己闯荡”定义为无组织的形式。如果我们接受这种分类和定义，则从三种情形各自所占的比重看(见图3)，民工外出的自组织形式占主导地位。

由于这种自组织形式占据了迁移方式的主导地位，所以一个村子里外出的劳动者常常有着相同的目的地，甚至是同一就业单位。相应地，民工第一次外出的规模，大多数人倾向于几人同行(见图3)。类似的自组织外出方式，在某些行业表现得尤为突出。例如，外出民工的一半左右从事建筑业，而这个行当通常较大地依赖于包工头所做的组织工作。同一调查显示，外出民工中有38.6%曾经带出过其他人，其中带

① 参见农业部农村经济研究中心课题组：《中国农村劳动力流动研究：外出者与输出地》，中国农村劳动力流动国际研讨会论文，1996 年。

② 参见“农村劳动力流动的组织化特征”课题组：《农村劳动力流动的组织化特征》，载《社会学研究》，1997(1)。

出过10人以上的竟达21%。

流动劳动力自我服务、自我组织的另一种表现形式是外出后互相帮助解决住房问题,从而形成在城市的外地人聚居现象。既然他们常常是乡里乡亲结伴外出,到达目的地后就很容易聚居在一起。一种情形是几个人共同租住民房,分摊房租,形成小型聚居点。另一种情形是从小型聚居点开始,逐渐介绍更多的同乡来同一社区租房,从而使聚居点不断扩大,最终连成一个以地缘为核心的聚居区,形成一种新的景观——“都市中的村庄”。

无论是自组织外出,还是在城市形成聚居区,都意味着流动劳动力以亲缘和地缘为纽带,形成了集体行动。一个进了城并且找到工作的劳动者,在工作时间与上级和同事打交道,下班后就回到了这种集体行动网络中,往往不可避免地要与这种自发的组织打交道。其实,由于相当一部分流动劳动力是以自组织方式出来的,他们往往又在同一行业甚至同一企业打工,工作中的麻烦也常常需要自己的非正规组织帮助解决。在这种具有集体行动特征的组织中,必然要有自己的规则,以便约束每个成员的行为。

这些应迁移者的需要而形成的民工组织及其规则,因其处于正规性制度安排和组织之外,可以被看作是制度外现象,或者说是制度与组织形式上的“都市里的村庄”。这种制度安排或组织建设的基础来自于三个方面:以行业为中心,以聚居区为落脚点,以共同的家乡为纽带。从功能上看,这些制度和组织可以分为以下几种类型。

其一是利益保护型的。以亲缘、地缘为纽带的连锁流动,这里,在带动者和追随者之间是以利益为中介的。鉴于此,聚居更多的是相同行业的迁移者的行为。同行业,彼此有亲缘、地缘关系,又常常聚居在一起,就产生了维持竞争规则、谋求共同利益的需要。因此,相当一部分流动人口的自发组织,是为保护共同利益的目的而形成的。

建筑行业的包工队是这种组织中最紧密的一种形式。流动劳动力从事建筑行业的比重最高,而该行业要求成规模、成建制地参与,所以,一定的组织形式是必不可少的。在这种组织中,与雇主打交道,完全是包工头的专门职能,劳动者的工作机会、报酬水平和福利条件,都取决于包工头的安排。在不同的安排下,劳动者报酬可以相差数倍。例如,北京零点市场调查与分析公司在一项研究中显示,同样是农村劳动力组成的包工队，壮工的工资最高可以相差3倍[①]。

其二是信息服务型的。除了流动者外出之前需要获得有效的关于迁入地就业、收入和生活信息外，在迁移者完成第一次流动之后，仍然需要类似的信息，以便不断改进他们的生活和就业状况。在市场发育不完善的条件下，信息的获得也不可能完全得自市场，因而信息既是稀缺的，又是内部化的。于是，一定的组织形式就应运而生，通过互助的方式，形成内部信息共享单位，从而降低信息获取费用。

其三是生活服务型的。流动人口在获得社会服务等方面，常常不能享受到与城市人口相同的待遇。在聚居的情况下，自我组织、自我服务的需求十分强烈，并且从规模上也比较经济。所以，一系列类似的组织得以产生。例如，在北京市外来人口居住最为集中的所谓“浙江村”里，专门为流动人口服务的幼儿园、诊所大量出现，更不要说那些商业性特征明显的饭馆、理发店、修理铺以及娱乐场所了。

其四是谋求私利型的。有些以保护特定集团利益出发形成的自发组织，当其越来越集中服务于最小范围的私利，并且愈益倾向于采用不合法的手段达到目的时，就沦为类似于黑社会性质的组织。欺行霸市、索取不义之财，甚至违法乱纪，是这类组织区别于一般的自发组织的主要特征。但在流动人口处于城市生活的边缘地带，其利益有时不能通过合法的渠道获得保护，或者这种合法的渠道交易费用过高的情况下，某些带有黑社会性质的组织形式，有其特定的市场。

此外，还有一些组织具有多样化的目的，可以称为综合服务型的。例如，某些以地缘为纽带形成的行商公会，实际上是从资金融通、生活服务、感情交流以及公共关系等多方面为同籍流动人口服务的松散型组织。它是比较全面地针对流动者需求而产生的，具有一定的号召力。

五、简短的结论

由于近年来劳动力流动规模愈益庞大，社会各界力量担心过大的迁移人口会压迫城市基础设施的承载能力、恶化社会秩序、干扰居民

① 参见北京零点市场调查与分析公司：《裸人——北京流民的组织化状况研究报告》，中国农村劳动力流动国际研讨会论文，1996年。

生活，甚至形成在劳动力市场上的竞争。因此，城市或发达地区的地方政府倾向于对迁移和流动进行比较严格的控制，以减小其规模。为此，各地政府采取了诸如强化户籍管理、关闭或抑制劳动力市场、行业性歧视及其他增大迁移成本的政策措施。这种政策倾向，归根结底来自于把劳动力迁移看作是盲目的或非理性的行为这样一种认识。

而本文的分析表明，发展经济学中以“托达罗模型”为代表的传统迁移理论，在解释现实中发生的劳动力迁移时具有很大的局限性。特别是当这种理论教条被转换为政策传统时，其偏差更易于导致对劳动力迁移的抑制。而一旦迁移过程的理性特征被揭示出来，人们就将逐渐认识到，不仅迁移者的择业、定居行为是理性而有序的，而且他们对于制度和组织的创新具有极大的需求。如果说人们确实在实际中观察到一些劳动力流动造成的消极现象的话，也往往是扭曲的政策倾向所致。因此，政府能否顺应经济发展和社会结构变化的必然趋势，适应劳动力迁移本身的要求，对这个过程因势利导，并提供相应的管理服务，是劳动力迁移能否成为经济发展积极因素的关键。

自述之二

我从事经济学研究的一个最为旷日持久且历久弥新的领域，就是关于农村劳动力转移或者说劳动力的城乡迁移，即从论证农村劳动力转移在一个国家的经济发展过程中的不可避免性及其意义入手，逐渐对劳动力流动的各种特征及其制度环境进行全面的理论分析和经验检验，提出清除劳动力流动制度性障碍的政策建议。这篇发表于《中国社会科学》1997年第4期的《劳动力流动、择业与自组织过程中的经济理性》，是这个研究方向上较早的一篇反潮流之作。

放回到当时的背景之下，本文有十分重要且明显的针对性。即使在改革开放已经近20年的当时，许多人仍然习惯于把劳动力流动主体和流动行为看作是“盲流”，即处于流动中的劳动力群体是盲目流动人口，追逐更好就业机会的迁移行为则是盲目流动过程。很显然，经济学家的责任便是澄清这样的认识，指出劳动力从农业转移到非农产业，从农村转向城市，是经济发展的题中应有之义，同时揭示劳动力流动本身是符合经济理性的行为和过程。

本文选择了一个在发展经济学传统中，以及对发展中国家政策制定最有影响的理论——托达罗理论作为批评对象，并将其政策含义命名为“托达罗教条”。简而言之，托达罗关于劳动力流动的分析结论，首先就是对于这种现象，仅仅“疏”（如创造更多非农就业岗位）是不够且不能奏效的，因此，该理论成为“堵”（想方设法把农业劳动力留在农村）的学理依据。其理论上的错误之处，恰恰在于把劳动力流动行为看作是非理性的。而这个错误的理论出发点，支配着当时许多研究者的认识，支配着当时决策者的政策取向。

本文利用实地调查数据，尝试论证了劳动力从农村迁移出来，并在城市寻找工作，及至实现非农就业等过程中体现出的经济理性，否定了盲目性这个赋予劳动力流动的先验判定。这个今天被学界普遍认可的结论，当时起到了推动学术界转变认识，并且为政策的逐步向正确方面演进铺设观念道路的积极作用。大约也是从那时开始，对劳动力流动和人口迁移的多学科研究逐渐兴起，成为我国经济学、人口学和社会学的一个成果卓著的研究领域。在这个学科发展的过程中，我始终积极处在研究的前沿阵地上，至今乐此不疲。

在过去的十余年中，关于劳动力流动的研究取得了长足的进步，对劳动力流动现象的认识也发生了根本性的转变。进入城市务工经商的劳动者群体，已经不再被看作盲流，而是不可或缺的劳动力供给。不过，这些转变与其说是理论的功劳，不如说是客观现实揭示出的必然性。例如，在2011年总数为4.3亿的城市就业者中，农民工已经占到35.2%，而在这一年的城市就业增量中，农民工所占比重更高达65.4%。可见，理论充其量可以起到预测现实的作用，要根本改变人们认识事物的方法论，仍然有待更大的努力和时间所能起到的潜移默化作用。

这篇文章所尝试解决的理论和实证问题，并不能说已经得到彻底解决。在今天的学术界和政策界，"托达罗教条"的影响仍在不时作祟。例如在许多政策性文献中，说到农业劳动力转移时，仍然要强调"有序流动"，潜台词则是，劳动力流动就其本质来说，具有或多或少盲目性的基因。又如，在政策上，迄今为止仍然希望农民工采取一种"有来有去"的流动模式，因而在能够真正把农民工转变为市民的户籍制度改革方面，尚未有实质性的进展。如今，30岁以下的新生代农民工已经是这个流动劳动力的主体，他们即使失去了工作，也不会走他们父辈"有来有去"的老路。如果以他们为主体形成新一代城市边缘性群体的话，社会风险将是巨大的。

党的十八大报告提出加快改革户籍制度，有序推进农业转移人口市民化，努力实现城镇基本公共服务常住人口全覆盖。在党的报告中，这是第一次做出推进农业转移人口"市民化"的表述，并提出基本公共服务常住人口全覆盖的要求，是城乡统筹、城乡融合的一个崭新目标。这将是劳动力转移的一个更加高瞻远瞩的政策指导方针，无疑也为这个研究领域提出了新课题。

二元劳动力市场条件下的就业体制转换*

在我国经济体制改革的整体进程中，就业体制转换具有相对滞后的特点。这不仅因为传统就业体制所形成的既得利益格局相对顽固,并影响到城市社会安定;还由于近年来失业现象的严重化以及政府反失业政策取向不当,造成这个体制转换过程的缓慢甚至中断。本文从构造一个城市二元化劳动力市场的理论模型出发，尝试对城市就业体制转换的机理做出概括和描述，并解释这种理论分析的相应政策含义。

一、城市劳动力市场的二元化

传统体制下的城乡就业模式是与重工业优先发展战略及其相应体制模式相适应的。由于产业结构的扭曲，减少了对劳动力的需求，如果听由企业自行决定雇用多少工人，将会造成整个社会失业现象严重,引起政治上的不稳定,干扰工业化目标的实现。因此，当时实行了城市全面就业保障的政策，通过计划渠道把劳动力配置到相应的部门，并获得基本没有差别的工资。全面就业和低工资制度扭曲了劳动力的真实成本，在没有准确的衡量企业经营绩效的办法的情况下，企业可能通过改变职工雇用数量而隐瞒生产成本,截取企业生产剩余,侵犯国家的权益。因此,把劳动用工权统一掌握在专门的主管部门手里，有助于把劳动力分配与整个计划经济体制相协调。与此同时，为了减轻政府安排就业的负担，城市与乡村的劳动力资源配置是被分割的。随着农业劳动生产率的提高而富余出来的农村劳动力，仅仅在严格的计划安排下才可能进入城市就业。因此，当时的城市劳动力配置是一个单一的过程。

这一情形随着经济体制改革的深入和就业深化而发生了变化。

---

* 本文原载于《中国社会科学》,1998(2)。

首先是整个经济的部门结构发生了变化。在1996年全国城市市区的工业总产值中，国有经济的比重也已经下降为30.9%，其余的份额则为各种非国有经济部门所创造。由于这种非国有经济部门的迅速扩大是改革以来创造的资源重新配置的结果，所以我们可以将其称作新生部门。这些部门的出现，产生巨大的劳动力需求。其次是城市就业结构的深化。与农村劳动力相比，城市劳动力有两个相对优越的条件。其一是收入水平较高从而生活条件比较优越；其二是受教育程度较高从而具有更高的劳动技能。随着这两个条件越来越显著，城市劳动者越来越倾向于选择相对舒适和对人力资本要求更高的职业和岗位。这种就业深化趋势使得一些职业和岗位需要从传统的劳动力配置渠道之外获得。

在劳动力需求和供给模式都发生某种变化的条件下，传统的就业体制就不能满足劳动力配置的新格局了。因此，在城市形成了相并行的两个劳动力市场。传统发展经济学所面对的城乡之间劳动力市场的二元化，在这里转变为城市劳动力市场的二元化。

对于这种城市劳动力市场的分割，以往的划分和观察分别从问题的不同侧面有助于我们理解这种双重劳动力市场并存的现象。例如，刘易斯在他以农业与工业相对立的二元经济模型中，曾经观察到城市中存在着传统部门与现代增长部门两种劳动力市场，它们在劳动力吸纳机制上有不同的特征①。托达罗的城乡迁移模型中，也考虑到了城市传统部门的作用②。而国际劳工组织更明确地使用正规部门和非正规部门这样的概念来刻画城市两个劳动力市场，并概括了城市非正规部门就业的几个特征：(1)容易进入或没有进入障碍；(2)主要依赖于本地资源；(3)家庭所有制或自我雇用；(4)经营规模较小；(5)采用劳动密集型的适用性技术；(6)劳动技能不需要在正规学校

---

① 参见刘易斯：《劳动力无限供给条件下的经济发展》，见刘易斯：《二元经济论》，北京经济学院出版社，1989。

② 参见 Todaro, M. T: " A Model of Labor Migration and Urban Unemployment in Less Developed Countries", American Economic Review, Vol. 69, March, 1969.

获得;(7)较少管制或竞争比较充分[①]。在失业理论中,国外有的学者也观察到上述现象,并将其概括为二元劳动力市场。在这两种相互分割的劳动力市场上,劳动力素质、制度约束程度和就业条件等都是不同的[②]。此外,我国经济理论界对体制转换过程中市场发育的双轨制特征也有大量的分析[③],也可以应用到对于劳动力市场的分析上。

然而,无论以正规部门与非正规部门的划分,还是以计划与市场的划分,都不足以概括进而用来分析我们所观察到的这两种劳动力市场及其相互关系。首先,上述理论模型仅仅在某些特征上分别与我国城市两种劳动力市场相对应,又都有不能概括的方面。例如,正规部门与非正规部门的划分,以及二元劳动力市场模型强调了两种劳动力市场在岗位层次上的差别,而在我们的观察对象中,新生部门的许多职业和岗位并不必然比国有经济中的层次低。双轨制市场理论关注的是传统体制与市场机制之间的关系,但它又的确忽视了两种市场上职业与岗位存在差异这一事实。其次,传统理论的许多假说与我们面对的情形是不相符的。例如,随后我们将看到,刘易斯关于城市正规部门的工资决定是符合新古典经济学原则的假说,在中国所形成的二元劳动力市场的情形下是不能成立的。最后,所有这些理论模型尽管有助于分析城市两种劳动力市场现象本身,却都未直接分析二元劳动力市场条件下的就业体制转换过程。而这一任务,在本文恰恰是放在首要位置的。

二、两个劳动力市场的工资决定

为了简便起见,我们分别用典型的国有企业和新生部门的工资决定机制来刻画两种城市劳动力市场。

我国国有企业的建立,是执行重工业优先发展战略的产物。因此,

---

① 参见 International Labour Organasation, Employment, Incomes and Equality: A Strategy for Increasing Productive Employment in Kenya, Geneva, 1972.

② 袁志刚:《失业经济学》,上海三联书店、上海人民出版社,1997。

③ 例如可参见魏凯、卢迈:《价格:经由双轨制的转变》,见沃尔特·加勒森主编:《中国经济改革》,社会科学文献出版社,1993。

国有企业的工资制度与整个传统体制是相适应的，即全国的国有企业实行统一的工资制度。由于从20世纪50年代开始，企业就无权决定或调整职工的工资标准、工资定级和升级办法，以及增长幅度，以至到1978年，工资水平基本未变，大多数年份的平均工资水平都在600元以下。这种低工资高就业的情形需要两个条件与之配合。首先，为了维持劳动力的正常再生产，要求实行包括农产品在内的基本生活用品的低物价政策。其次，为了保障职工及其家庭的基本生活，还要在货币工资之外辅之以生活必需的实物福利和社会性服务，如住房、医疗、教育、托幼等作为职工工资的补充。

由于传统体制下的就业政策，是单一面向城市居民的全面就业制度，偏于重工业优先发展的产业结构也降低了经济发展对劳动力的吸纳能力，因此，企业实际雇用工人数往往超过实际需求。在微观放权改革使企业劳动效率提高的情况下，企业冗员现象就显现了。由于国有企业承担维持稳定就业的职能，所以仍然雇用着超过需求的劳动力。

因此，国有企业中的在职职工可以分为两部分。那部分恰好与企业实际需求数量相符的职工，其工资在新古典的假设下应该等于劳动的边际生产力。然而，由于存在着一部分超过企业实际需求的职工，而所有职工的工资又是相同的，因此，企业中一部分职工的工资等于其劳动边际生产力，另一部分职工的工资高于其劳动边际生产力。平均起来，国有企业中全部在职职工获得的工资是高于劳动边际生产力的。可见，在以国有企业为代表的这个劳动力市场上，并不像刘易斯所断言的那样，职工工资是由劳动的边际生产力决定的，而具有分享的性质，或者说是制度决定的。

不仅如此，目前的国有企业中参与工资分享的还包括退休职工。在改革以前采取统收统支财务体制的情况下，退休职工的养老基金由国家统一筹集和统一负担。因而企业并没有为职工积累起这种基金。所以，一旦这部分费用转为由企业负担，就意味着要由在职职工来分摊。

根据比较保守的估计，国有企业通常有1/3的冗员。1996年国有单位离退休人员总数为2515万人，其中约一半左右是1988年以前离退休的，接近1/3是1985年离退休的，1978年以前离退休的不到6%。目前，大约5.9个在职职工要负担一个离退休人员。由此推算，与根据实际需要雇用劳动力，且无须负担已经退休职工的养老金的情形相比，现在国有企业要多支付大约46%的工资基金。在我们所考察的这个劳动力市场上，工资决定中的分享幅度也由此得到反映。

下面让我们来考察这种制度性工资还具有哪些特征。首先，相对于企业工资决定的这种分享特征和生产率提高幅度，其工资总水平并不低。从20世纪70年代末开始的国有企业放权让利式改革，赋予了企业更多的经营自主权，增强了企业的利润动机，企业管理人员有了较大的权力决定职工工资和福利水平，也有相当大的动机提高职工的工资和福利水平。表1表明，改革以来，相对于产值增长而言，国有企业工资增长速度快于其他部门，更不必说快于其效率的提高速度了(见表1)。

表1　国有经济部门实际工资的超前系数

年份	国有部门	所有部门
1980	100.37	97.10
1985	92.79	86.75
1986	102.56	96.89
1988	88.18	82.13
1990	106.55	101.34
1992	95.20	85.57
1994	102.07	86.71
1996	97.59	89.03

说明：国有部门的超前系数是国有经济单位实际平均工资指数（以上年为100，下同）与国有工业产值实际指数之比；所有部门的超前系数是全体职工实际平均工资指数与全部工业产值实际指数之比。

资料来源：国家统计局，《中国统计年鉴(1996)》。

其次，在货币工资之外，企业还要为职工支付各种福利补贴。从名义平均工资来看，1996年国有经济单位比城镇集体经济单位高46%，比其他经济单位低24%。然而，国有经济单位为职工所提供的工资外福利和保险费用却是其他经济单位所无法相比的。这里所谓的工资外福利和保险费用主要包括医疗卫生费、集体福利事业补贴、集体福利设施费等，涉及职工医疗卫生、住房、培训、疗养、托幼等，费用不赀。1980~1996年期间这类费用的年平均增长率为20.3%，比国有经济部门职工工资的年平均增长率16.1%还高4.2个百分点，1996年总额达到

2296.6亿元，占工资总额的33.8%[①]。这还未包括企业自筹资金开支的集体福利设施基本建设费用。

最后，在国有企业在职职工与退休职工，以及需求范围内职工与冗员分享工资的同时，职工所具有的不同人力资本也不能在工资中得到反映。劳动者的健康状况、受教育水平和参与劳动过程后积累的工作熟练程度等，表现为对生产效率从而企业生产成果具有正面影响的人力资本因素[②]。在市场经济的条件下，企业为了吸引拥有较高人力资本禀赋的劳动者，应该使其工资高于人力资本禀赋较低的工人。但在传统体制下，由于国有企业几乎是唯一的就业场所，拥有较高人力资本的职工尽管得不到应有的激励，但这种较优越的人力资本的机会成本很低。随着劳动力市场的二元化，那些有较高劳动技能并且在国有企业得不到较高报酬的职工，开始有了"跳槽"的愿望和机会。

与此相反，由于新生部门是因应市场化经济改革的逻辑进程，作为国有经济的对立物而产生的，所以其就业与工资决定是一种市场行为。首先，新生经济部门的劳动雇用决定，是反映了城乡劳动力市场的供给状况的。也就是说其就业吸纳乃至产业选择都是从我国劳动力丰富的特点出发的。长期以来在农村滞留了大量的剩余劳动力，因改革以来转移障碍的减少，开始在城乡之间大规模流动。面对这种供给状况，市场化的就业决定本身就应具有创造就业的功能[③]。其次，新生经济部门又只按照自身的实际需求雇用劳动力。这些部门是在计划控制之外得到发展的，无须履行吸纳超出需求的劳动力的责任。而且，除了市场水平的工资以外，这类部门大多不额外承担职工其他福利保障。最后，新生经济部门的工资决定是符合市场经济原则的。由于这些部

① 在目前正在进行的社会保险体系改革过程中，国有企业为养老保险、医疗保险、失业保险、工伤保险等基金所要缴纳的费用约为工资总额的41.5%。按国际标准看，这个负担率也相当高。例如，类似的比率在新加坡为18%，在马来西亚为12.8%，在菲律宾为7.4%，斯里兰卡为12%，埃及为24%。

② Schultz, T. Paul："Human Capital, Schoolling and Health", International Union for the Scientific Study of Population (ed.), International Population Conference, Vol. 3, 1997.

③ 在历史上，19世纪西欧国家发生的劳动力转移，就是伴随着就业机会的扩大和创造的。资料表明，1815年的英国共有7000种职业类型，到1901年，职业类型增加为15000种。参见J. A. Banks："Population Change and the Victorian City", Victorian Studies, 11, 1967.

门不必吸纳多余的职工就业，因而没有收入分享机制，工资水平完全根据特定行业的企业对于劳动力的需求，以及符合需要的劳动力的市场供给决定。又由于新生经济部门管理体制中责任、权力和利益明确，管理人员有对于特定人力资本进行辨别、度量和监督的激励，因而人力资本对于生产效率的贡献比较容易观察到，从而具备了区别劳动者所具有的人力资本禀赋而支付不同工资的条件。

三、劳动力市场分割条件下的体制转换

从城市两个劳动力市场上就业吸纳和工资决定的特征分析，我们可以做出判断，以新生部门就业和工资机制为特征的劳动力市场，代表着劳动力市场发育的方向。因此，国有企业就业体制向新生部门就业体制的转换过程，也就是市场经济条件下的劳动、工资体制的形成过程。那么，迄今为止以及今后这个体制转换又是怎样发生的呢？我们看到，既然两类部门所具有的两种劳动、工资体制分别支配着两个劳动力市场，则这两类部门之间的劳动力竞争或转移，从而产生的两个劳动力市场的消长，就同时实现着两种体制的转换。这是就业体制转换的第一种形式。在两类部门的就业竞争中从而体制消长过程中，国有企业所代表的传统体制必然做出必要的反应，即为了生存而进行体制改革，向市场经济体制靠拢，从而形成体制转换的第二种形式。

我们先来看第一种体制转换即两类部门的就业竞争是怎样发生的，以及这个过程有哪些特点。这里，我们首先要假设城市劳动力市场是封闭的，劳动力仅仅在国有部门和新生部门之间分配。图1示意了新生部门与国有部门就业竞争关系，以及两个劳动力市场的消长过程。图中横轴表示劳动力数量，从O_1向右衡量国有经济部门使用的劳动力数量，从O_2向左衡量新生部门使用的劳动力数量，O_1O_2之间的值域代表可供雇用的劳动力总量。纵轴表示劳动边际生产力或工资水平，从左(O_2)向右下方倾斜的曲线为新生部门的劳动边际生产力曲线。其倾斜的形状表示，随着新生部门雇用劳动力数量的增加，其劳动边际生产力趋于下降。与此同时，国有部门随着劳动力转移出去，劳动的边际生产力或工资水平提高。因此，从右(O_1)向左下方倾斜的曲线为国有部门的劳动边际生产力曲线。其中一条较陡的曲线是假设国有企业的工

资水平是由市场决定的情形下的劳动边际生产力曲线，我们把它加上引号。在这种情形下，新生部门在其劳动力扩张的过程中，劳动边际生产力曲线与这个带引号的“国有企业劳动边际生产力”曲线相交于a点时，形成的两类部门相等的工资水平W_a，新生部门的劳动力扩张过程停止。此时，国有企业雇用劳动力数为O_1a，新生部门雇用的劳动力数为aO_2。

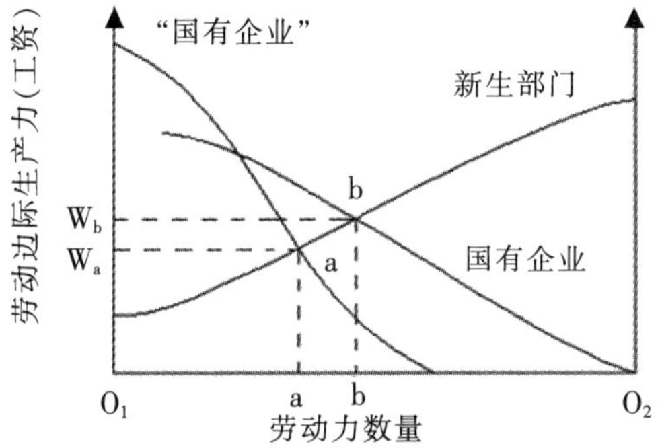

图1　两个部门的就业转移

然而，根据国有部门吸收了过多的劳动力，从而其工资不是由劳动边际生产力决定，而是制度决定的这一事实，其劳动的边际生产力曲线应更为平缓(也可以画成没有弹性的水平线)，即图中不带引号标明的那条曲线。其与新生部门劳动的边际生产力曲线相交于b点。与这一点相对应，新生部门停止其劳动力扩张的过程，此时形成的工资为W_b。很显然，由于国有部门工资形成机制的分享特征，新生部门吸引劳动力需要付出较高的工资水平，劳动力从国有部门向新生部门转移的规模也相应减小。实际的劳动力分配比例是，国有企业雇用劳动力数为O_1b而不是O_1a，新生部门雇用劳动力数为bO_2而不是aO_2。现在，新生部门受到工资支付能力的限制，实际吸收的与本来可以吸收的劳动力数量差额，在图中表现为ab之间的距离。

这个理论化的分析框架，反映的恰恰是现实中两部门劳动力转移关系。新生部门具有劳动密集型的产业特点，为了不失去劳动力丰富这个资源比较优势，它不太可能支付过高的工资，吸引国有部门职工“跳槽”。以致其与前者的就业竞争只能限于“适可而止”的幅度内。而在其能力所及的限度内，新生部门自然是不惜代价地吸收那些具有较高人力资本素质的人才，作为自身发展所必要的栋梁或骨干。既然从数量上来看，新生部门不足以从国有部门获得所需的劳动力，则它必须要寻找其他劳动力来源，否则新生部门不会有今天这样的发展水平[①]。

至此，我们必须解除前面分析中所作的城市劳动力市场是“封闭的”这样一种假设了。在思维过程中，每当一种假设被放宽或被解除时，都意味着向更加符合现实的方面走了一步。这里的情形也是如此，即除了因技术上的需要，新生部门要从国有部门高薪挖掘一部分人才外，大多数普通熟练程度的工人便以农村劳动力为主要来源。

适应于新生部门的需要而大规模转移到城市的劳动力，与城市现有劳动力相比具有较大的竞争优势。其一，由于农村剩余劳动力的存在以及较低的转移费用，只需较低的工资即可得到近乎无限的供给；其二，这部分劳动力处于传统福利制度的覆盖范围之外，雇主无须支付住房、医疗、养老和失业保险等工资外福利；其三，由于很低的机会成本和不享有铁饭碗，他们的工作努力程度较高，也易于管理。由于这些优于城市国有部门职工的特点，新生部门乐于雇用这部分劳动力。据调查，目前城市中外来劳动力主要分布在自我雇用、私人企业、集体企业和三资企业中，而在国有企业中的就业比重远远低于城镇居民就业的比重。同时，这些外来劳动力所从事的职业又是以脏、险、累和非熟练劳动为特征的[②]。

四、就业体制转换的难点

从上一节的分析可以发现，以国有企业为代表的传统劳动力市场上存在的制度障碍，构成通过新生部门吸收国有企业劳动力而实现就业体制转换的难点。然而，新生部门的劳动力需求为农村劳动力转移所解决。新生部门和农村劳动力转移的作用还不限于此。由于农村廉价劳动力的供给，总体上降低了新生部门发展的成本，后者反而有能力根据自身的需求，用高工资吸引国有部门的高素质人才。这给予国有企业足够大的压力和紧迫感，在一定的限度内进行劳动工资制度的

---

① 实际上，城镇非国有经济部门从业人员占全部从业人员的比重，1996 年已经达到 43.3%，而 1978 年的这个比重高达 78.3%。

② 参见蔡昉：《中国流动人口问题》，河南人民出版社，2000。

改革。

在两个劳动力市场并存的情形下，以国有企业为代表的劳动力市场上制度工资的水平，及其超出职工实际的劳动边际生产力的幅度，制约着新生部门从中吸收的劳动力数量，或者说决定了图1中b点的位置。而制度工资水平又是由职工在国有企业内部的谈判地位决定的。国有企业内部职工工资的决定，取决于下面几种因素。第一，企业有无工资决定、雇用或解雇职工的自主权。第二，企业经理人员对职工劳动素质和工作表现的监督程度。第三，政府的社会政策取向。在典型的传统体制下，企业没有劳动、工资决定的自主权；对职工人力资本条件和工作表现的识别能力和激励不足；政府为维持社会安定，倾向于对城市居民实行全部就业政策。在这种条件下，职工一旦在国有企业就业，就成为一种无法改变的事实。这实际上等于是说，企业内部职工在工资决定问题上具有较大的谈判力量，因而形成一种大大高于实际劳动边际生产力的工资水平①。

在改革的前一阶段，以承包制为典型形式的国家与企业利润分享关系，使得国有企业把职工工资增长置于国有资产增值目标之上（如表1），因而从20世纪80年代中期直到90年代初，随着宏观经济的景气，职工工资不断提高，从而消费基金膨胀，导致物价的上涨压力和通货膨胀。然而，由于连续数年宏观经济实行适度从紧的政策，以及与此同时进行的落实企业自主权和国有企业其他方面的改革，国有企业内部职工在工资决定上的谈判地位已经大大降低。其突出的表现是因企业转制、转产和开工不足而造成的失业现象增多和部分企业工资支付不足。据估计，目前城镇失业率不低于6.58%，此外还交叉着至少5%的职工下岗率②。

在此条件下，国有企业失业和下岗职工，可以有三种选择：(1)流向与新生部门有关的劳动力市场，与城镇外来劳动力形成就业竞争。

---

① 这一点与失业理论中“内部人—外部人”模型的机理十分相似。请参见袁志刚：《失业经济学》，上海三联书店、上海人民出版社，1997。

② 城镇失业人数系根据1995年1%人口抽样调查中统计的“从未工作正在寻找工作”“失去工作正在寻找工作”和“企业停产等待安置”三种人相加推算的（见全国人口抽样调查办公室：《1995全国1%人口抽样调查资料》，中国统计出版社，1997）；下岗职工人数系引自国家统计局：《中国统计年鉴（1997）》，中国统计出版社，1997。

选择这种出路的失业者显然属于非自愿失业者。这正意味着图1中所解释的机制发生变化,从而就业体制的转换随之实现。(2)利用原企业保留的福利不再工作。由于目前发生的各种失业现象或类似失业现象,有许多都为职工提供或保留了一定的保险福利或生活出路。例如一部分人是以提前退休的方式离开岗位的,所以不再就业也是一种可能的选择。(3)继续在原来的劳动力市场内部寻找和等待就业机会。最典型的情况是,在现在的失业者当中,包含了"企业停产等待安置"失业者,通常这部分人不愿意进入到新生部门的劳动力市场。做出后两种选择的失业者都属于自愿失业。

选择进入新的劳动力市场还是选择自愿失业,两者之间的相对重要性十分有意义。这是因为在选择进入新的劳动力市场为主的情况下,意味着就业体制的转换进入正轨,制度性工资已经被消除或不再成为就业制度改革的难点。而在以选择自愿失业为主的情况下,由于这种自愿失业主要是倚仗着与制度工资相关的生活保障,因而还不意味着就业体制的转换。此外,对两种情形孰轻孰重的不同判断,还影响着政府反失业政策手段的选择。所以,做出正确的判断既有理论价值又有政策意义。

我们先来假设国有企业中制度工资现象已经消除。在这种情形下,国有企业冗员现象也不存在了,富余出来的劳动者在与新生部门有关的劳动力市场上与外来民工竞争就业岗位。由此可以推断,一个地区迁入的外来劳动力越多,非国有经济部门的就业机会越少,失业率就会越高。相反,如果假设国有企业的改革尚未达到这样的程度,工资决定仍然存在着制度性因素的影响,从而国有企业排挤出来的职工具有自愿失业的性质,则可以说,外来劳动力并不是导致失业的原因,从而非国有经济部门的就业机会也不构成失业的原因。后面这种假设意味着图1所解释的机理仍然有效,因此可以说就业体制转换或劳动力市场发育的难点仍然在于国有企业的工资决定,从而对现行的城市政府反失业政策提出质疑。

要做出一种判断,看国有企业所依托的劳动力市场上工资决定是否不再是制度性的,需要考察导致制度性工资存在的条件和特征是否依然存在。从国有企业改革的进展程度来看,很难做出这种肯定的回答。首先,目前的失业率并未达到足以消除国有企业冗员率的程度。而且事实上,政府为了维持社会安定,对企业裁员决定进行了强烈的干预。其次，由于社会保障体系的改革远未完成，企业仍然对退休职工和下岗职工担负着主要的经济责任，因而工资分享的特征依然存在。最后，企业内部的各种社会职能尚未实现社会化，企业办社会的福利开支仍在继续。所以，我们从理论上可以做出这样的判断，迄今为止国有企业的传统就业体制特征并未消失。从失业现象严重化的最近两年看，国有经济单位平均工资的超前系数，仍然大大高于非国有经济部门（表1）。

进行一项简单的统计分析，有助于支持上述结论。根据分省的数据，使用外来人口迁入率、农村人口比重和国有经济就业比重对失业率进行回归。回归结果的决定系数R^2为0.6629，调整后的R^2为0.6240。从回归结果可以看到，迁入率和国有经济就业比重对失业率的系数都是负值（表2）。由这个结果得出的结论，显然倾向于证明上述后一种假设，即虽然国有企业改革已经大大深入，劳动力市场发育水平有所提高，但国有企业所代表的那一个劳动力市场上的工资决定，尚未转到市场经济的轨道。由于制度工资仍然存在，现有的城镇失业具有自愿失业的性质。

表2 影响失业率的因素及其统计显著性

影响因素	系数	T 检验值
固定系数	20.7715	4.8036
迁入率	–0.3603	–2.1085
农村人口比重	–0.1543	–5.3351
国有经济就业比重	–0.0717	–2.0970

资料来源：全国人口抽样调查办公室，《1995全国1%人口抽样调查资料》，中国统计出版社，1997；国家统计局，《中国统计年鉴（1997）》，中国统计出版社，1997。

五、结论与政策含义

十分显而易见的是，目前城市中出现的失业现象，与宏观经济景气有关。因此，前面指出现行失业具有自愿失业的性质，并不试图涵盖全部失业人口，而仅仅就就业体制转换的这个过程而言。所以，不必要把本文关于失业问题的观点看作是对失业产生原因的讨论，因而作者也没有为自己提出解决失业问题政策建议的任务。让我们仍然集中在就业体制转换这个主题上。对政府反失业政策的讨论,同样也是从本文的任务着眼的。

撇开与宏观经济调控有关的政策不谈,目前的反失业手段大都是地方性的,其特点可以概括为"歧视性就业政策"。由于地方政府特别是一些大城市的政府认为,外来劳动力构成了对城市职工的就业竞争,因而这些"竞争者"的存在即使不是失业率上升的初始原因,也是一种重要的推波助澜因素。基于这种认识,大多数城市政府反失业政策的核心是通过经济的、行政的甚至舆论的手段排斥农村劳动力在城市的就业。例如,通过各种收费渠道加大农村劳动力转移的成本;明确规定出诸多的岗位不允许雇用外地劳动力;以"再就业工程"的名义,通过奖罚手段诱导企业用本地失业工人替代外来劳动力,等等。

这一系列政策的实施很难说产生了降低失业率的效果,但已经在一定程度上减少了城市中的外地民工。于是,联想到前面的分析我们可以看到,农村劳动力先是对城市新生部门的发展从而就业体制转换做出贡献,继而又为城市职工的就业做出牺牲。限于本文的任务,这里不准备讨论这种歧视性就业政策和人为分割劳动力市场的做法,可能产生的政治、社会不良后果,也不拟讨论由此产生的资源比较优势扭曲,对城市进一步经济发展的不利影响①。这里,我们主要看这种政策倾向对就业体制转换的负面效果。从这方面来看,即使我们以城市职工就业为优先目标,由于城市就业体制转换的难点是国有企业所依托的劳动力市场中的制度障碍这一结论并未发生变化,让农民做出这种牺牲不仅没有价值,而且会损害劳动力市场的发育。

城市政府所动用的所有旨在造成歧视性就业政策的手段,都意味着强化城市职工工资决定中的制度性特征。如果说,近年来的国有企业改革使得图1中国有部门劳动边际生产力曲线越来越接近于原来只作为假设的那条(带引号的劳动边际生产力)曲线的话,则这种就业歧视政策或者说对国有企业职工的就业保护政策,所做到的就是把这种变化再退回去,即回到缺乏弹性的劳动边际生产力曲线上面。于是,一切又都回到了原样。城市就业体制还是由两个分割的劳动力市场所代

① 有兴趣的读者可参见蔡昉:《中国流动人口问题》,河南人民出版社,2000。

表,新旧体制仍在摩擦着。

不过,情况确实发生了一些变化,从而在城市二元化劳动力市场上出现了两个新的特征。第一,原先表现为企业内部的冗员或工资决定的制度性特征,现在超出了单个企业的边界,扩展到整个国有部门内部。不管政府以歧视性就业为特点的反失业政策手段如何严厉,由于它是违背新生部门企业成本最小化原则的,所以后者会千方百计规避这种政策的约束,因而这类政策约束充其量只在国有部门内部是有效的。于是,变化只是发生在这样的意义上,即无法维持正常生产的企业把冗员包袱转移到尚能勉强维持的企业,或者是企业甲通过与企业乙交换职工,以期给予习惯于大锅饭的国有企业职工一定压力。但从根本上来说,这种变化解决不了国有部门总体上的冗员问题和工资的制度性,从而无法完成就业体制的转换。第二,由于这种歧视性就业政策的纷纷出台,现在农村劳动力转移成本提高了,新生部门吸纳这种劳动力的成本也相应提高。由此固然可能给新生部门一个激励信号,使其部分地转向从国有部门吸收劳动力,但更为可能的情形是因这种成本的提高而抑制新生部门的发展。

因此,如果本文前面关于在农村劳动力介入的条件下,通过新生部门的发展以及与国有部门的边际就业竞争,给国有企业一定压力,从而推动两个劳动力市场的并轨和就业体制转换的解释机理是正确的话,现行的政府反失业政策就会妨碍这个过程的完成。同时,如果我们关于外来劳动力既不是造成失业的原因,也不是加重失业的因素的判断可以被接受的话,则放弃现行的就业歧视政策,在依法管理的同时开放城乡劳动力市场,是二元劳动力市场条件下实现就业体制转换的必要前提。

自述之三

从计划经济向市场经济的转变，是中国经济体制改革的目标模式，也是过去30余年改革开放的主要内容。相应地，转轨经济学成为中国特色经济学的一个重要分支。然而，在很长时间里，劳动力市场如何建立和完善，就业体制如何从计划向市场转变，这样的重要转轨话题，却被主流经济学家所忽略。这看似难以理解，其实又十分合乎历史逻辑。

从理论需求的角度看，20世纪90年代后期，国有企业打破“铁饭碗”的就业政策改革已经启动，因此，如何认识和应对失业现象，以何种机制替代正在被打破的计划体制，亟待从理论上给予回应。另一方面，从理论供给的角度看，当时，我国实际上尚不存在真正意义上的劳动经济学，这个方面研究的薄弱也就不可避免。在计划经济条件下，劳动力就业是计划的一部分，因此当时没有劳动经济学。在改革期间，宏观经济学家完全忽视了就业问题，而一些部门研究机构和大学的劳动经济学者，虽然零零散散地对就业问题进行了一些研究，却没有能够形成合力，也始终没有达到临界最小努力，以建立起一个独立的劳动经济学分支学科。

我的研究经历是从农业经济学起步，进而进入到其中重要的劳动力转移研究，继而以就业研究为主线，从农村转向城市劳动力市场研究，从而完成了进入劳动经济学研究领域的过渡，并组建了国内最富有生产力的劳动经济学研究团队。我在《中国社会科学》1998年第2期发表的《二元劳动力市场条件下的就业体制转换》，是较早在这个领域的研究努力。该文通过城市非国有部门的产生及其对劳动力市场的影响，解释了在二元化的城市劳动力市场条件下就业体制转换的机理，提出开放城乡劳动力市场，是实现就业体制转换的基本前提。

虽然由于大规模失业和下岗使一代劳动者群体付出了惨痛的代价，也正是20世纪90年代末开始的国有企业改革，特别是其中以“减员增效”为目标的就业体制改革，从企业内部打破了妨碍激励机制发挥作用的“铁饭碗”，在企业外部创造了劳动力在企业、所有制、部门、地区和城乡之间的流动环境，配合着社会保障制度的逐步建立，我国劳动力市场已经形成并不断完善。

相应地，中国特色的劳动经济学也演变成型，在主流经济学中占有一席之地。在相当长的一段时间里，劳动经济学家的一项努力，是论证就业在制定经济发展战略、产业政策、区域政策和宏观经济调控政策中应有的优先地位。从2003年到2012年，中共中央政治局集体学习已经两次以就业问题为主题，我本人都受邀讲解。当时，对于是否可以把就业作为优先目标尚有争议。此后，我发表大量文章，从各个分析角度，结合国内外经验和教训，反复论证，对于最终就业在中央文件中表述为“实施就业优先战略”“实施更加积极的就业政策”，以及“推动实现更高质量的就业”做出了自己的贡献份额。

如今，中国社会主义市场经济体制处在继续完善的过程中，就业政策和劳动力市场制度也仍在不断改革，仍然有大量的转轨问题尚未解决。此外，随着刘易斯转折的完成，我国劳动力市场形态正在从二元体制转变为新古典类型，就业矛盾也从总量问题越来越变为结构性问题。这不仅要求研究者转变关注点，也需要更新研究框架和观察问题的方式。归根结底，劳动经济学之所以成为经济学的一个重要分支学科，就在于与就业、失业、劳动力市场机制和制度相关的问题，在任何体制下都将层出不穷，有待长期深入的探索。

城乡收入差距与制度变革的临界点*

一、引言

在许多发展中国家，国家与农民的关系或城乡关系都是强制性的，或者说城市偏向的，与在发达的市场经济国家所发生的农业和农民受到保护的情况恰恰相反①。由这种政策偏向导致的城乡收入差距，是发展中国家普遍存在的现象，因而也是发展经济学理论研究的一个焦点。长期以来，相关的经济理论主要着眼于探讨：(1)在发展中国家城市偏向政策是怎样形成的，以及这种政策偏向为什么得以长期延续；(2)实施这种城市偏向政策都有哪些政策手段，以及这些政策的作用机理和福利效果；(3)这种城市偏向政策变革的条件和时机。中国目前存在的城乡收入差距是计划经济时期的遗产。因此，造成这种收入差距的政策和制度因素，既有与其他发展中国家相似之处，也有自身的独特之处。

20世纪70年代末中国经济改革以来，城乡收入差距经历了一个先缩小，随后再度扩大并且日趋严重的过程(图1)。从城乡收入增长情况看，在1978~1984年期间，实际农民人均收入以每年17.7%的速度增长，城镇居民的人均收入增长则只有7.9%。在1985~2002年期间，农民收入增长的年平均速度下降到只有4.1%，城镇收入增长速度则保持在6.6%。城乡人均收入增长速度差异持续时间很长，导致的收入差距再度扩大，引起理论界和政策研究者对“三农”问题的高度关注，政府也想尽办法帮助农民增收减负。围绕提高农民收入这个目标，政府采取了各种手段，进行了一系列改革，如实行粮食保护性收购、对种植粮食的农民给予直接补贴，以及实行旨在减轻农民负担的“税-费”改革等。但这些政府措施迄今为止没有取得明显的效果，城乡收入差距继续扩大，农民收入中来自务农的比重持续下降。

---

* 本文原载于《中国社会科学》，2003(5)。

① Kym Anderson and Yujiro Hayami：“The Political Economy of Agricultural Protection：East Asia in International Perspective”，Sidney· London· Boston: Allen & Unwin In association with The Australia-Japan Research Centre, Australian National University, 1986.

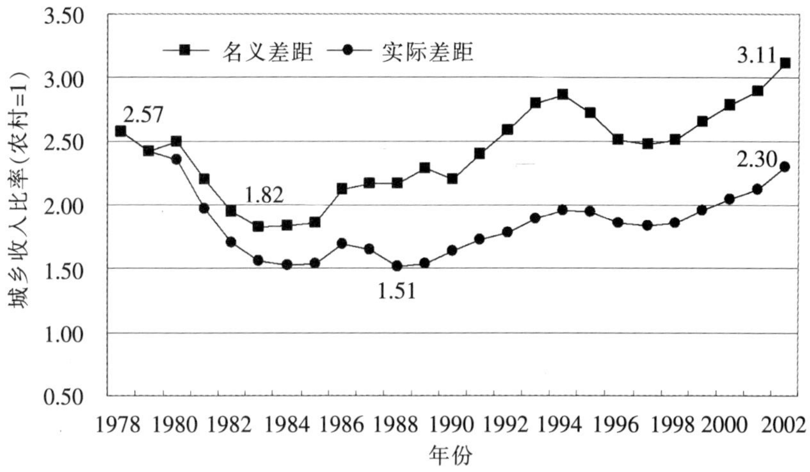

图1　城乡实际和名义收入差距变化

说明:1978~1984年城镇居民可支配收入使用城镇居民消费指数平减,农村居民纯收入使用全国零售物价总指数平减;1985~2001年收入分别使用增长指数推算,2002年数字来自国家统计局《中华人民共和国2002年国民经济和社会发展统计公报》。

资料来源:国家统计局,《中国统计年鉴(2002)》;国家统计局,《中华人民共和国2002年国民经济和社会发展统计公报》。

人们通常用农民收入的年度增长率或城乡收入比较(农村为1)等指标来衡量农民收入。城乡收入比越大,表明农村与城市的收入差距越大,反之亦然。图1显示了用名义收入和实际收入分别所作的中国城乡收入比较。从名义收入看，城乡收入比从1978年以来先是下降,到1983年到达谷底后自1984年开始攀升,直至2002年。按照这个估算法,目前城乡收入比已经大大超过了1978年的水平。然而,仅仅用按照名义收入计算的比率，并不能反映真实的城乡之间的收入差距水平,正如名义人均收入不能反映真实的收入水平一样。因此,我们需要将城市和农村的名义收入分别用各自的价格指数修正，用由此得到的城乡实际收入进行比较。从实际收入看,1978年以来,城乡收入比的下降一直持续到1988年,在此之后有大幅度的提高,但迄今为止尚未回归到1978年的水平。名义收入和实际收入的城乡比较背后,有不同的经济逻辑。

城乡收入差距是否回归到改革以前的水平，是具有实践含义的。农村实行了家庭联产承包责任制,乡镇企业迅猛发展,价格和流通体制进行了改革，农村基层政权的民主化建设得到增强，这一切都必定会反映到农民的生活水平上。事实上，在1978~2002年整个期间，农民实际人均收入年均增长率为7.2%，高于城镇居民人均收入的实际增长率6.7%。这一期间农村减贫效果就是一个有力的例证。1978年中国有2.5亿~2.6亿农村贫困人口，而在短短几年后的1984年，贫困人口就减少到8900万，到2002年则只剩下2000万左右。更具体地说，城乡收入差距是否回归到1978年的水平，具有很强的理论和政策含义。中国经济改革的起点在农村，以实行家庭联产承包责任制和随后进行的流通体制改革为主要特征。这一改革的核心可以看作是国家与农民关系或城乡关系的一次重大调整[①]。改革是一种制度变迁，而制度变迁的发生取决于社会对新制度的需求及其强度，以及对新制度的供给。从农村改革看，到1978年，农民对家庭联产承包责任制有需求，政府也首先默许随后承认并继而推动了这种制度变迁，制度需求和供给达到了新的均衡。由于1978年是农村经济改革起始的年份，因此，这一年的城乡收入差距水平是有意义的。对这个城乡收入差距的复归，应该是一个新的制度变迁或新一轮改革的临界点。本文拟从制度变迁的政治经济学角度对城乡收入差距的若干临界点进行分析，提出目前农村经济和中国社会自身正在孕育的改革及其方向和时机。

二、制度需求与制度形成：解释传统城乡关系

西方经济理论对发展过程中城市偏向政策形成的原因进行了大量分析，主要可以概括为两种范式：第一是从国家实行工业化战略的目标和途径出发解释[②]。对于旨在迅速赶超发达国家经济的发展中国家领导人来说，不遗余力地在一个小农经济占主导地位的国家推进工业化，进而提高生活水平和实现经济发展是主要的社会目标。而当时发展经济学的基本看法是，小农经济是落后的、非理性的，不对经济刺

---

① 周其仁：《中国农村改革：国家和所有权关系的变化——一个经济制度变迁史的回顾》，载《中国社会科学季刊》1994年夏季卷。

② Anne Krueger, Maurice Schiff, and Alberto Valdes (eds): " The Political Economy of Agricultural Pricing Policy". 5 Vols., Baltimore, Maryland: The Johns Hopkins University Press, 1991 and 1992.

激做出反应。因此,这些发展中国家的领导人坚信,工业部门是经济迅速增长的催化剂,而对农业征税可以为工业化提供绝对必要的财政支持。第二是认为,农业之所以在发展过程中受到歧视,是因为城市阶层在政治上具有过大的影响力①。农民虽然人数众多,对于政策的影响却很小。这是因为农民因居住分散而导致的集体行动中过高的沟通成本,以及由于单个农民的产品只是农业产出的微小份额,造成的免费搭车现象,因而缺乏政治力量②。由此便形成农民人数众多而政治影响力微弱这种所谓"数量悖论"③。

无论是出于什么动机, 形成城市偏向政策的手段通常是实行所谓的"剪刀差"政策,即通过政府扭曲产品价格和生产要素价格,创造一种不利于农业、农村和农民的政策环境,获取农业剩余以补贴工业化④。具体地,城市偏向的政策可以从几个角度观察。首先,扭曲相对价格和工农业交换关系的政策。表现为通过垄断产品流通,提高工业品价格和压低农产品价格,制造不利于农业的贸易条件。这产生直接意义上的工农业产品价格剪刀差。其次,扭曲农业经营活动中的激励机制。由于形成了上述不利于农业生产的贸易条件,在直接生产活动的组织中往往采取强制性手段,抑制劳动者的积极性。例如中国的人民公社体制和苏联的集体农庄制度等,都是这种扭曲的激励机制的典型表现。第三,扭曲整个经济发展政策,特别是扭曲工农业之间的产业关系。主要表现在:(1)通过垄断国际贸易,高估本国币值,利用出口农产品补贴进口工业设备;(2)人为阻碍产业发展规律的作用。例如,通过政府投

① Michael Lipton:" Why Poor People Stay Poor: Urban Bias in World Development", Cambridge, MA: Harvard University Press, 1977. Robert Bates, "Markets and States in Tropical Africa", Berkeley: University of California Press, 1981.

② M. Olson:" The Logic of Collective Action", Cambridge, MA: Harvard University Press, 1965.

③ M. Olson:" The Exploitation and Subsidization of Agriculture in the Developing and Developed Countries", paper presented to the 19th conference of International Association of Agricultural Economists, Malaga, Spain, 1985.

④ T. W. Schultz,(ed.):"Distortions of Agricultural Incentives", Bloomington: Indiana University Press, 1978. Kym Anderson and Yujiro Hayami:"The Political Economy of Agricultural Protection: East Asia in International Perspective", Sidney· London· Boston: Allen & Unwin In association with The Australia–Japan Research Centre, Australian National University, 1986.

资政策的城市偏向，形成工农业或城乡之间的不同发展机会；(3)通过制度障碍阻止农业剩余劳动力向非农产业和城市转移[1]。最后，建立一个不公平的福利体系，通过将农民排斥在各种社会福利体系之外，形成城乡之间不同的生活条件。

中国城市偏向政策的形成，直接根源于20世纪50年代开始推行的重工业优先发展战略。发展中国家实施城市偏向政策所采取的上述扭曲城乡关系的政策手段，在中国也都有所表现。但是，一个最具有中国特色的政策及其手段，是形成了一系列阻碍劳动力流动的制度安排[2]。由于经济学关于劳动力迁移的模型是比较成熟的，有关文献更是汗牛充栋，因此，我们可以从传统理论出发，分析中国劳动力制度以及与发展战略背景之间的关系。一方面，已有的模型为我们的分析提供了一个理论出发点、参照系和方法论的借鉴。另一方面，虽然这些理论不能完全解释中国的独特制度安排，却有助于丰富和发展相关的分析理论，并且为传统的发展经济学与制度分析理论之间建立经验桥梁。

图2-a展示的是一个典型的刘易斯模型[3]，表明随着经济增长，城乡之间重新配置劳动力资源。图的底线即横轴的全部长度代表全部劳动力，以某种方式在农村和城市之间分配。假设在初始状态下，城乡劳动力需求曲线D_u和D_a相交决定的农村劳动力数量为O_aL_a，城市劳动力数量为L_aO_u。相应地形成的均衡点决定了一个农村与城市相等的工资水平($W_a=W_u$)。根据刘易斯增长模型，随着城市经济规模的扩大，对劳动力的需求提高，城市劳动力需求曲线上移，即从D_u移动到D'_u。此时如果农村的劳动力需求曲线不变，城乡劳动力需求曲线相交形成的新的均衡工资将提高，而不是刘易斯模型所假设的可以在保持工资不变的情况下扩大城市劳动力规模。为了解决这个矛盾，刘易斯只好假设农

---

① 例如，奈特等通过把刘易斯模型和一个剪刀差模型相结合，描述了在一个典型的劳动力无限供给条件下，扭曲的城乡关系政策所造成的城乡差距格局。参见 John Knight and Lina Song: "The Rural-Urban Divide, Economic Disparities and Interactions in China", Oxford · New York: Oxford University Press, 1999.

② Kam Wing Chan: "Cities with Invisible Walls", Hong Kong: Oxford University Press, 1994.

③ W. A. Lewis: "Economic Development with Unlimited Supplies of Labor", Manchester School of Economics and Social Studies 22 (May), 1954: 139-191.

村劳动的边际生产力为零甚至负数,意味着劳动力继续转移不会影响农业的产量。这就是刘易斯的在劳动力无限供给条件下的经济发展模型。但这个理论存在方法论上的问题,一是自身的假设和市场均衡不一致;二是农村制度工资决定城市工资,与城市是一个新古典的劳动市场又是矛盾的。

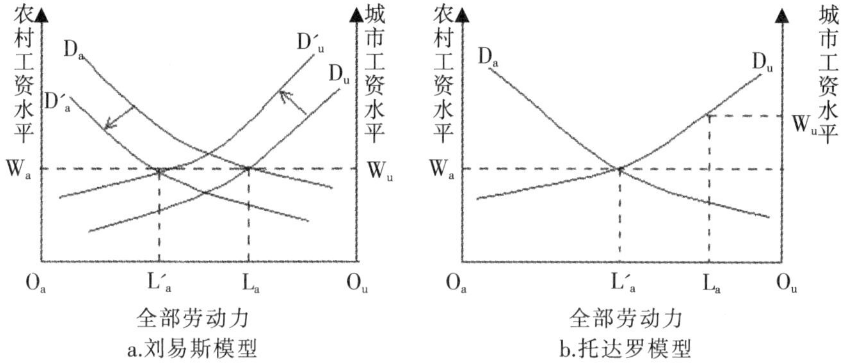

图2　刘易斯和托达罗的城乡劳动力迁移模型

解决这一难题的是费-拉尼斯模型①。他们假设农业的劳动生产率也是可以提高的,即随着农业技术的进步,农业劳动生产率提高导致劳动力剩余。在图2-a中,农业劳动需求曲线向下移,从D_a移动到D'_a,并且在与城市变化了的劳动需求曲线D'_u相交后,在工资不变的情况下($W_a=W_u$)形成新的城乡劳动力资源配置格局:农村劳动力数量为$O_aL'_a$,城市劳动力数量为L'_aO_u。在这种改良的刘易斯模型中,规模日益扩大的城市劳动力需求不断吸纳因农业生产率提高所形成的富余劳动力,一直到掏干农村剩余劳动力澡盆。当农村不再有剩余劳动力,或者说农业劳动生产率的提高赶不上城市工业扩张的需要,此时会出现"刘易斯转折点",工资水平开始上升,二元经济结构逐渐消失。

然而,发展中国家的现实是,从一开始就存在着托达罗观察到的现象,即由于某种原因,城市工资比均衡工资高很多或存在城市制度工资的情形,在图2-b中表现为$W_u>W_a$,劳动力迁移并不能消除城乡之间的工资差别。同时,城市吸纳的就业量低于均衡水平的要求($L_aO_u<$

① Gustav Ranis and J.C.H. Fei:"Development of the Labor Surplus Economy: Theory and Policy", Richard D. Irwin, 1964.

$L_a'O_u$)，实际就业量和均衡就业量之间就产生一个差额($L_a'L_a$)，这个差额可能是城市的失业，也可能是城市非正规部门的就业，也可能是农民因受到阻碍根本就没有向城市迁移。城乡收入差距和城市的就业岗位不充分，对劳动力的迁移有非常大的影响，并导致传统理论不能解释发展中国家存在的迁移现象。因此，解释为什么会有超过由城乡劳动边际生产力决定的均衡工资水平的城市制度工资，是理解发展中国家城乡迁移和城乡差距的关键。

城市形成制度工资的原因，同样可以用关于城乡关系的两种范式来解释。按照发展战略范式，城市制度工资首先产生于城市工业部门的投资偏向不利于就业吸收。随着经济增长以及资本积累，对劳动力需求的变化有两种可能的情形。第一种情形如图3-a所示，资本与劳动的比例关系保持不变，城市经济增长越快，对劳动力的需求越大，更多的农村剩余劳动力得以转移。第二种情形如图3-b所示，资本积累水平提高后，在农村剩余劳动力转移尚未完成时，经济结构就开始转向资本密集型，对劳动力的需求大幅度减少。在后一种情形下，经济增长并不相应地扩大对劳动力的需求。在排除了农村劳动力进入城市经济增长过程的情况下，城市的工资水平上升到城乡一体化劳动力市场的均衡水平之上，制度工资由此形成。按照城乡关系的政治结构范式，制度工资的形成和维持，需要一系列的制度安排或者政府政策的保障。传统的迁移理论观察到的主要制度安排是城市最低工资制度等①。

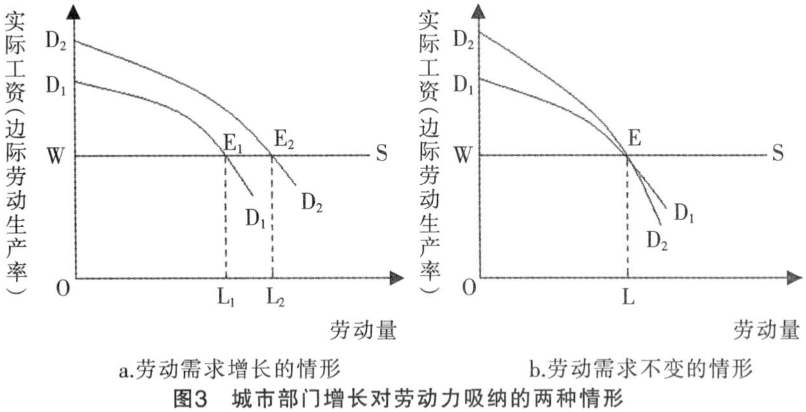

a.劳动需求增长的情形　　b.劳动需求不变的情形

图3　城市部门增长对劳动力吸纳的两种情形

① J. Harris and M. Todaro："Migration, Unemployment and Development: A Two Sector Analysis", American Economic Review 40, 1970: 126-142.

中国的计划经济体制是为推行重工业优先发展战略服务的。由于重工业比重过高,城市工业资本积累水平提高并不引起相应的劳动吸纳能力提高,以及农村剩余劳动力的转移。因此,推行重工业优先发展战略意味着牺牲掉大量的就业机会。这种排斥劳动的工业化战略是不符合当时中国比较优势的,因此,如果资源配置是通过市场进行的,则上述发展战略无法维持。因此,随着这种发展战略目标确定下来,一系列相关的制度安排就应运而生,把资本和劳动力的配置人为地画地为牢,计划之外的生产要素流动成为不合法的现象。其中把城乡人口和劳动力分隔开的户籍制度,以及与其配套的城市劳动就业制度、城市偏向的社会保障制度、基本消费品供应的票证制度、排他性的城市福利体制等,有效地阻碍了劳动力这种生产要素在部门间、地域上和所有制之间的流动。

把城乡人口和劳动力分隔开的制度安排,最重要的是户籍制度。为了保证农村中有足够的劳动力生产农产品,同时也为了把城市里享受低价格农产品的人数限至最少,需要设立一些制度约束城乡人口及劳动力的流动。1958年全国人民代表大会通过了《中华人民共和国户口登记条例》,确定在全国实行户籍管理体制。从此形成了几乎延续至今、阻碍人口迁移和劳动力流动的制度框架。由于能够有效地把农村人口控制在城市体制之外,城市福利体制就可以相应地建立起来了。除了诸如住房、医疗、教育、托幼、养老等一系列排他性福利之外,以保障城市劳动力全面就业为目标的排他性劳动就业制度是这种福利体制的核心。可见,在黏合改革前城乡关系以及导致巨大城乡收入和福利差距的制度安排中,阻碍劳动力流动和人口迁移的政策及其执行制度,起着至关重要的作用,成为传统发展战略得以推行,一系列造成扭曲城乡关系的制度环境得以存在的合法性基础。一方面,它营造了符合城市偏向的城乡利益格局,另一方面,它又使这种扭曲的城乡利益格局,以及相应的城乡生产要素的配置格局与重工业优先发展战略相适应。

三、激励强度、制度均衡与城乡关系改革

大多数研究认为，从城市偏向政策向城乡关系平等和两个部门均衡发展环境的转变，关键点在于农民人数的大幅度减少，以及城市居民占人口比重的提高[①]。一方面，这种相对人口比重的变化导致政治谈判地位的改变，即"数量悖论"从相反的方向上起作用。当农业中就业人数减少后，农民影响政策形成的信息成本、免费搭车成本和其他交易费用都相应降低，从而其政策影响力提高，享有农民人数众多时城市居民具有的谈判强势地位。另一方面，这种相对人口比重的变化导致不同利益集团游说激励相对强度的改变，从而使政策朝相反的方向进行调整。一项利用可计算一般均衡模型进行的模拟表明[②]，在农业普遍被剥夺的贫穷国家，农民及其代理人寻求农业价格保护或反对工业保护这类贸易政策，所能够获得的潜在总收益，只是农业普遍受到保护的富裕国家同一利益集团的1/9~1/6；而与此相对应，贫穷国家工业资本家及其代理人寻求对工业的保护和对农业的剥夺的激励强度，却是富裕国家同一利益集团的10倍以上。另一方面，在贫穷国家和富裕国家，靠剥夺农业来支持制造业的贸易政策，给工业资本家带来的收益，比给农民带来的损失，分别高9倍和4倍以上。可见，即使撇开在不同发展阶段上，农民相对于资本家游说活动的交易成本不谈，激励的强度也足以说明政策的可能取向。

政策改革像任何制度变革一样，是由制度需求方和制度供给方通过讨价还价形成的均衡决定的。就公共政策来说，需求方是包括生产者、消费者和中间商在内的个人和企业，而供给方则是政府。在政策形成的政治市场上，政府也是一个具有经济理性的当事人，按照最小化政治成本、最大化政治收益的原则行事[③]。也就是说，政府是否出台一

---

① Kym Anderson and Yujiro Hayami："The Political Economy of Agricultural Protection：East Asia in International Perspective", Sidney · London · Boston: Allen & Unwin In association with The Australia-Japan Research Centre, Australian National University, 1986.

② K. Anderson："Lobbying Incentives and the Pattern of Protection in Rich and Poor Countries", Economic Development and Cultural Change, 1995, vol. 43, No. 2, pp. 401-423.

③ A. Downs："An Economic Theory of Democracy", New York: Harper & Row, 1957.

项新政策,或者是否取消一项旧政策,取决于这一政策变化带来的支持率的提高(政治收益)与反对率的提高(政治成本)之差(政治净收益)。而社会各个阶层支持一种政策或反对一种政策的游说,就按照其各自的相对强度分别正向地或反向地影响政策的变化。然而,大多数使用政治经济学理论解释发展中国家"三农问题"的尝试,都或多或少受到西方现成的政治游说手段的局限,以为政策变化最终是通过游说激励强度的改变,通过传统的游说方式如"投票"(vote)或者"呼声"(voice)机制实现的。果真如此的话,如果城乡利益集团的相对人数不改变,游说激励的相对强度就不能发生变化,城市偏向的政策倾向从而旧的利益格局也就不能被打破,农民改变处境就只能等待。

其实,对于大多数发展中国家来说,"退出"(exit)机制是农民在对城市偏向政策的不满达到一定程度后,更为常见的一种反应[①]。这种追求福利改善的行为,因其是以个人行动的方式进行的,所以能够避免免费搭车现象,不致陷入集体行动的"数量悖论"。托达罗观察的劳动力的城乡迁移现象,特别是形成许多发展中国家"城市病"的那种看似非理性的迁移现象,实际上就是农民对政府城市偏向政策的"退出"反应[②]。表面上看,改革之前中国农村的制度安排排除了任何可能的退出机制,即尽管城乡收入差距巨大,但由于人民公社剥夺了农民的退出权力[③],户籍制度又排除了农民自发迁移出农业和农村的制度合法性,农民面对这种偏向政策束手无策。但是,在生产队集体劳动中"出工不出力"等偷懒现象,实际上也是一种变相"退出"。其直接后果是农业生产效率的极度低下,最后,当这种激励问题严重到无法保证农民生存,也无法满足城市居民生活供给和工业化的需要时,政府做出的政策反应,可能与在西方国家熟知的游说效果是一样的。

图4显示了农民通过对集体经济的"退出"改变了政策决定中的边

---

① "退出"这个概念是由赫尔希曼提出的。参见 Albert Hirschman:"Exit, Voice and Loyalty: Responses to Decline in Firms, Organizations, and States", Cambridge, MA: Harvard University Press, 1970.

② M. P. Todaro:"A Model of Labor Migration and Urban Unemployment in Less Developed Countries", American Economic Review, March, 1969: 138-148.

③ Justin Yifu Lin:"Collectivization and China's Agricultural Crisis in 1959-1961", Journal of Political Economy, Vol. 98, No. 6, 1990: 1228-1254.

际政治成本从而形成新的制度均衡点。图中,横轴表示城市偏向政策的实施强度,其在实施这种政策产生的边际政治成本MC和边际政治收益MR相等的水平P达到均衡E,此时政策实施强度为S。如果这种政策倾向继续加强,并且诱发出在劳动积极性上表现出的变相"退出"机制,继续实施这种政策的边际政治成本就上移到MC′,由此形成的新的边际政治成本MC′和边际政治收益MR相等的均衡点,也相应地向左移动到E′,诱导政策向实施强度为S′的方向变化。在1978年,当中国农村的劳动激励和生产效率低下,并且问题严重到已经有2.6亿农民陷入绝对贫困化状态时,政府的农村政策同样需要进行调整。与此同时,恰好中国最高领导层刚刚发生了重大的变动,提高老百姓的生活水平,成为新的领导人获得人民拥护的决定性行动。

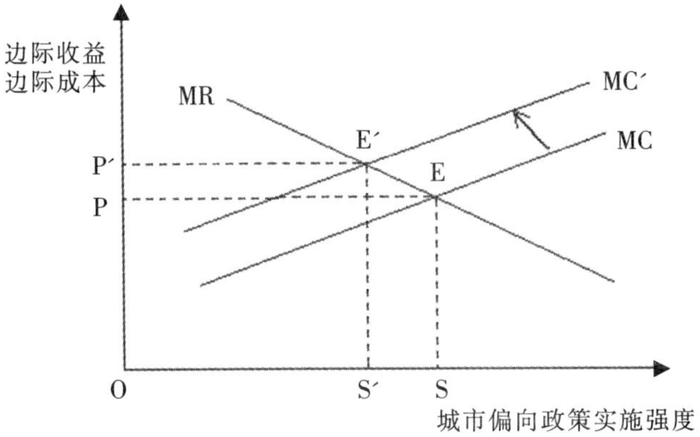

图4 制度均衡及其改变

可见,1978年前后的城乡收入差距,成为打破传统体制下制度均衡,对人民公社体制进行改革的一个重要临界水平。也就是说,当农民相对于城市居民的收入水平和生活水平降低到那个程度时,农民自发地、义无反顾地全面"退出"人民公社体制束缚。而对政府来说,此时进行重大政策调整的政治成本最小,政治收益最大。家庭联产承包责任制改革,使农户成为他们边际劳动努力的剩余索取者,从而解决了人民公社制度下因平均分配原则而长期解决不了的激励问题。与此同时,政府开始对价格进行改革,诱导农民提高了农业的生产率。在农业的剩余劳动力被释放出来后,非农产业活动更高的报酬吸引劳动力转移,从而推动农村生产要素市场的发育,原来主要集中在农业的劳动力开始向农村非农产业、小城镇甚至大中城市流动。这一系列市场化改革导致农户收入的大幅度提高。虽然以后的改革继续提高着农户收入,但收入效应在这一初始时期最为显著。

四、投票、呼声、退出与改革的制度临界点

20世纪70年代末开始进行的农村经济改革,首先在解决激励机制问题上实现了巨大的突破,随后又通过农产品流通体制和价格形成机制的改革,逐渐消除了工农业产品价格剪刀差,完成了工业化积累模式的转变,并进而在很大程度上推动了整个经济发展政策的改革。这个阶段的改革成效,固然可以看作是克鲁格(Krueger)所发现的城乡关系政策动机的终结,但是,却并不意味着这种政策本身的寿终正寝。随着决策方式的分散化,城市居民在改革后仍然有机会通过投票和呼声两种方式表达自己的集团利益, 影响政府特别是地方政府的政策决策。这表明,“发展战略说”和“谈判地位说”两种竞争性假说同时也是互补的[①]。

相对来说,城市居民是传统计划经济体制的受益者。改革以来,农村劳动力转移到工资更高的城市部门就业,不仅仅产生提高流动劳动力收入的效果,同时产生压低城市劳动力收入的效果。因此,大规模、无限制的劳动力流动,意味着构成对城市居民特权的冲击。其结果是引起后者的不满甚至抵制。像在大多数其他国家一样,中国城市居民利用两种方式表达他们的意愿,以争取政府制定或维持对其有利的政策。第一种方式是通过投票倾向表达意愿。中国目前的人民代表大会制度,是在城市区一级实行直接选举人大代表,下一级人大代表投票选举高一级人大代表,每一级人大投票选举组成同级人民政府。因此,地方政府越来越倾向于对本地居民利益负责,从而居民意愿可以通过对基层人大代表的选择得到表达,进而反映在对各级政府的政策决策中。第二种表达意愿的方式是呼声。相应的利益集团主要是通过报纸、电台、电视等舆论工具,以及各种场合表达某种情绪。改革以来,作为

① 蔡昉、杨涛:《城乡收入差距的政治经济学》,载《中国社会科学》,2000(4),第11-22页。

经济结构多样化和所有制多元化的结果,社会利益结构的多元化也日趋显现。新闻媒体应这种需求,开始反映更为广泛的居民利益要求,而不再仅仅是政府决策结果的宣传工具。更确切地说,媒体面临的双重目标(政治上与中央保持一致和经济上保持盈利)要求其同时反映政府和读者的关注点和意愿。就对待流动人口的态度而言,新闻媒体恰好可以把居民对外地劳动力与其竞争就业岗位的呼声,与城市政府对社会稳定的高度关注结合起来。因此,随着政府评价机制的改革,新闻媒体在与党的基本政治路线不相矛盾的前提下开始更多地反映普通居民的意愿,利益集团有了更多的渠道和更有效的手段表达他们的特殊意愿,并从而影响政策制定。

城乡之间这种游说机制和谈判地位的不平衡,导致传统的城乡利益格局迄今为止未能根本打破。主要表现为城乡之间在资源配置机会上的不平等,进而导致巨大的收入和福利差距。任何社会在经济增长过程中,都必然经历一个农业份额下降从而劳动力从农业向非农产业转移的过程。正是通过农村剩余劳动力在更大的范围内与其他资源的结合,城市化水平和工业化水平提高,城乡居民的生活水平趋于均等,城乡实现一体化。由于城乡居民政策影响力的不对等,户籍制度及其相关政策的存在,阻碍着城乡劳动力市场的发育和城乡收入差距的缩小。由于户籍制度的存在,绝大多数农村劳动力的迁移预期只能是暂时性的或流动的;他们在就业政策、保障体制和社会服务供给方面的待遇就是歧视性的。而这种排他性政策的继续实施,严重地妨碍着劳动力市场的形成和配置劳动力资源功能的发挥。

如果认为政治市场上只存在投票和呼声两种游说手段,往往只能得出悲观的结论,或者寄希望于政治体制改革或者政治利益重构。其实,家庭联产承包责任制说明农民可以采用“退出”这种方式影响决策,即激励机制足够大的时机成熟时,可以发生必要的制度变迁和改革,使情况发生逆转。在中国目前的发展阶段上,农业份额下降的产业规律使得农民不再能够通过提高农产品产量而增加收入,在农业的比较优势丧失的条件下,市场也不再有潜力提高农产品价格。而家庭联产承包责任制这种农业经营基本制度,并不与农业激励机制和资源配置效率相矛盾,因此,通过土地制度及其相关体制的改革而提高农民收入的潜力也不大。农民收入提高的唯一源泉是通过改变城乡资源配置格局,减少农业劳动力的数量,获得资源重新配置效率。与这种符合经济发展规律的改革要求相适应，农村劳动力向城市部门转移，既是资源配置格局的调整，又是农民影响城乡关系政策的有效手段①。实际上，当20世纪80年代后期，城乡收入差距缩小到最低点并再次开始扩大时，正是中国第一次出现“民工潮”的时候——农民开始大规模退出不再能够带来收入增长源泉的农业和农村经济部门。由于一系列制度障碍，非永久性的劳动力迁移并没有演变为完整的城市化过程和非农化结果，使得城乡收入差距继续扩大。随着城乡收入差距的继续扩大以至引起农民的全面退出，就会造成巨大的制度不均衡，促使政府进行大的政策调整。从目前城乡收入差距的走势看，以户籍制度及其派生制度的全面改革为内容的进一步制度变迁正在趋于成熟，改革发生的临界点就是城乡收入差距回复到1978年的水平。

五、结语

一种造成并且维系特定利益格局的制度的存在，是由于它在特定的政策影响力结构中处于均衡位置。引起制度不均衡，进而产生一种制度被另一种制度替代可能性的原因包括：(1)制度选择集合的改变，(2)技术变化，(3)由产品和生产要素相对价格变化导致的对制度服务需求的改变，(4)其他制度安排的变化②，以及(5)影响制度均衡的相对激励强度的变化③。从20世纪80年代末开始出现农村劳动力大规模向城市迁移，至今已经形成了多达7000万~8000万人的流动大军，引起了城乡一系列适应性的制度改革，包括户籍制度的地区性改革、城市劳动就业制度的改革和社会保障体系的改革等，因此扩大了原有的制度选择空间。由于农业份额下降的产业规律作用，以及中国加入世界贸

① 梯波特(Tiebout)把居民因对一个社区公共服务的不满而进行的迁移，叫作“用脚投票”(vote with their feet)。参见 Charles Tiebout：“A Pure Theory of Local Expenditures”, Journal of Political Economy, 64, 1956: 418–424。陈金永则把这个概念应用来解释目前中国农民向城市迁移的动机(见 Far Eastern Economic Review，2003)。

② Justin Yifu Lin：“An Economic Theory of Institutional Change: Induced and Imposed Change”, CATO Journal, Vol. 9, No. 1, 198: 1–33.

③ K. Anderson：“Lobbying Incentives and the Pattern of Protection in Rich and Poor Countries”, Economic Development and Cultural Change, 1995, vol. 43, No. 2, pp. 401–423.

易组织的要求,城乡关系的制度需求也发生了巨大的变化。随着城乡收入差距扩大到一定程度，寻求改革以户籍制度为核心的一系列维系传统城乡关系的制度安排的激励强度越来越大，这种改革已经迫在眉睫。20世纪70年代末第一次农村改革之所以取得巨大成功,是因为党的十一届三中全会确立的改革方针顺应了农民打破人民公社“大锅饭”“大呼隆”体制的要求,尊重农民实行家庭联产承包责任制的意愿,从而揭开了中国经济改革的序幕。当前面临的进一步改革,将顺应农民大规模转移的要求,既是彻底解决“三农”问题的嚆矢,也是保持中国经济持续增长源泉的关键，并且将为中国的长期政治稳定提供新支点。

自述之四

中国的"三农"问题归根结底是关于城乡关系的问题,而研究有关城乡关系的制度变迁,由于涉及利益格局变化,需要借鉴政治经济学的分析框架。也就是说,传统的制度框架在何时必然为新的制度安排所替换,取决于对于决策者来说政治净收益(政治收益减政治成本)最大化的考虑。在发表于《中国社会科学》2003年第5期的《城乡收入差距与制度变革的临界点》一文中,我以1978年农村改革起始时的城乡收入差距作为基准, 大胆预测了下一步关乎城乡关系的根本性制度变革,将发生于城乡收入差距回归到该基点水平之时。

当然,这本质上不是一个定量的预测,而是基于政治经济学逻辑做出的判断。在长期研究与政策调整和制度变迁相关的主题过程中,我发现既然决策者的政策制定不可避免地遵循政治收益最大化原则,反映这种决策行为的政治经济学是一个有益的分析框架。在本文中,我融合了赫尔希曼理论和梯波特理论, 考察了城市居民的 "投票"和"呼声"机制,与农民"退出"机制即"用脚投票"机制之间的博弈,指出大约在本文发表的一两年之后,中国将迎来一个改革城乡关系格局的制度变革临界点。

以城镇居民收入与农民收入的比率衡量,1978年城乡收入差距为2.6,使用分城乡的价格指数调整后,城乡收入差距在2006年则回归到这个水平。实际上,中国的改革是1979年开始的,这一年的城乡收入差距为2.4,回归到这个水平的年份,恰恰应该是2004年。

看似巧合却符合经济学逻辑和历史规律的是,2004年前后的确成为城乡关系格局变化最快、最彻底的时期。2003年以后的政府政策倾向,包括收入分配制度改革、社会保障体系建设及其对农民工包容程度的提高,以及包括更加严格地执行劳动法规、提高最低工资标准等劳动力市场制度发育, 都越来越有利于城乡关系向均等化方向变化。一系列具有转折点意义的经济社会指标的变化趋势,不仅集中地发生在这些年,而且从政治经济学的逻辑上,政策变化无疑是对这些趋势的反应,其中不乏许多具有戏剧性变化的事件。

这一轮新的制度变革主要表现为经济和社会政策进一步向 "三

农”倾斜、社会保障体系包容性和覆盖率显著提高、劳动力市场制度建设加快，农民工被纳入就业保护。以2003年的“孙志刚事件”的处理，以及2004年中央领导直接干预农民工欠薪问题等为标志，相应劳动力市场制度经历了从无到有和由破而立的演进，农民工“用脚投票”机制逐步完善，城乡关系进入一个崭新阶段。事实上，至少从数据所显示的情况来看，由于政府的意愿变化和付出的努力，城乡收入差距的扩大趋势已经被遏制住了。

不过，根本打破农村经济社会发展严重滞后的瓶颈，并不简单地是政府投入多还是少的问题。只要经济增长目标仍然优先于社会保护目标，城市偏向的政策就会继续作祟，城乡分割的体制则不能根除。在政府仍然把经济增长置于最高优先序的情况下，由于农业产业和农村人口份额不断降低，因而不是整体经济增长的重要源泉，对“三农”问题的关注终究只能被看作是“予”和“取”的零和博弈。在政府改善民生决心大、财力雄厚的情况下，“多予少取”的政策实施力度就大一些。但是，这里存在的难解问题是，只要推动经济增长这个优先序不变，惠农政策和城乡基本公共服务均等化等政策的制度根基就不牢固，也不能在中央政府与地方政府之间保持持久的激励相容。

因此，根据中国经济发展阶段的变化，对根本性的转折点做出正确的判断，才能帮助我们认识未来的真正挑战，从而可以期待更根本的制度变革发生。后面选择的文章，则是在此基础上所做的进一步探索。

中国经济面临的转折及其对发展和改革的挑战*

在认识经济发展一般规律的基础上，对经济发展阶段做出判断，揭示特定国家在特定时期的经济发展特征，特别是具有转折意义的特征，是理解经济发展过程，从而形成具有方向性和针对性的政策思路的关键。进入21世纪以来，中国经济在宏观经济的周期性变化中，呈现出了一系列具有长期影响的阶段性特征。这些阶段性变化特征的主要环节是：人口转变显现出它长期隐藏的经济含义，即通过对生产要素相对丰裕程度的影响，正在耗竭着长期以来所依赖的经济增长源泉——单纯的劳动和资本投入，并且相应地创造了调整城乡关系、改善收入分配状况和加快劳动力市场一体化的条件。由于这个正在发生的变化是个双刃剑，既可以成为推动中国经济迈向一个新阶梯的催化剂，也可能使中国经济发展陷入一个均衡陷阱，因此，只有科学地认识这个新阶段，才能最大限度地将其转化为对中国经济发展的积极因素。本文用中国经济增长经验修正和发展了刘易斯二元经济理论模型，并以此作为分析框架，剖析中国经济发展面临的阶段性变化及其对经济增长和制度创新的含义，进而提出相应的政策建议。

一、刘易斯转折点的经济发展含义

刘易斯(Lewis，1954)在研究发展中国家经济时，舍弃了新古典经济学劳动力不是无限供给的假设，把一个国家的整体经济区分为两个部门，我们这里将其分别称作“传统经济部门”和“现代经济部门”①。在传统经济部门中，相对于资本和自然资源来说，人口众多从而劳动力

---

* 本文原载于《中国社会科学》，2007(3)。

① 刘易斯使用的划分是“维持生计的部门”(主要指传统农业)和“资本主义部门”(主要指现代工业)，但是，他也指出，前者并不仅限于农业经济，也包括其他具有分享收入特征的传统部门，而后者的核心不在于经济制度本身，而在于工资决定依据于劳动的边际生产力。此外，库兹涅茨(1997)也使用了“农业经济增长”和“现代经济增长”的划分。本文做出的选择既是为了统一起见，也是为了使这种划分更具有一般意义。

供给是无限的。或者说，在这个部门中，劳动的边际生产力十分低下。由于这个部门的存在，现代经济部门在增长和扩大的过程中，可以用不变的工资水平不受限制地获得所需要的劳动力供给。因此，在这样一个增长模型中，制约经济增长的唯一因素是资本的积累。按照刘易斯和罗斯托(2001，第8页)的说法，经济发展的核心就是如何在现代经济部门持续实现一个特定水平的储蓄率或投资率。因此，发展中国家的经济发展，在很长时间内就呈现一种二元经济格局，一方面是以维持生计的工资源源不断地提供劳动力的传统经济部门，另一方面是由积累率制约的不断扩张的现代经济部门。直到现代经济部门的发展把传统经济部门的剩余劳动力吸收殆尽，二元经济增长才逐步被合成为一体化的和均衡的现代经济增长。因此，剩余劳动力被吸收完的这个时点，被称为刘易斯转折点，而经济增长本身是这个转折点到来的根本原因。

研究经济发展的主流理论，不仅认为先行的发达国家不具有二元经济的特征，而且也主要从新古典经济学的假设出发，探讨新兴工业化国家和地区的成功发展经验，因此，二元经济理论模型长期以来并没有被广泛地应用来解释经济发展现象(Ranis,2004)，关于从劳动力无限供给向劳动力短缺的转折点的研究更是乏善可陈。尽管如此，无论是通过经济学文献还是通过直接的观察，我们仍然可以归纳出伴随着刘易斯转折点的若干标志性变化。下面，我们分别阐述作为转折原因和结果的两个基本标志。

首先，人口出生率下降引起的人口转变过程的完成。人口转变从“高出生率、高死亡率、低增长率”阶段转变到“高出生率、低死亡率、高增长率”阶段，是传统经济部门劳动力剩余，从而二元经济发展中劳动力无限供给特征的主要源泉。也就是说，在健康和卫生水平的改善导致了死亡率大幅度下降的同时，生育率下降的反应要滞后很多，造成人口增长率提高。在许多发展中国家，生育率和人口出生率长期处于很高的水平。但是，人口转变的规律表明，随着经济增长和社会发展水平的进一步提高，人们生育观念和生育行为开始发生改变，“高出生率、低死亡率、高增长率”则进一步转变为“低出生率、低死亡率、低增长率”。这时，作为无限劳动力供给的一个源泉，人口因素不再助长劳动力供给的增长。刘易斯(1989)本人就曾经根据人口转变的这种变化，对日本经济刘易斯转折点的来临时间进行过预测。

其次,劳动力短缺促成的劳动力市场一体化水平提高。刘易斯式的二元经济理论范式,表面上是对性质不同的两个部门的划分,实际上,从经济逻辑上更主要的是反映劳动力市场的分割状态(Fields,2004)。虽然劳动力从传统部门向现代部门的迁移,是二元经济条件下经济发展的标志性现象(Todaro,1969),但是,由于在前一部门存在的劳动力供给的无限性,从而劳动边际生产力极其低下和工资具有的分享特征,以及在现代经济部门工会和政府政策的作用,两个部门的劳动力市场是分割的。劳动力市场从分割到一体化的变化,产生于农业中工资增长率的相对提高。农业作为传统经济的代表性部门,也作为以不变工资率为现代经济部门源源不断提供劳动力的基础部门,在二元经济条件下,工资水平长期处于生存水平。当现代经济部门的扩大把农业中剩余劳动力吸收殆尽时,如果前者继续产生对劳动力的需求,工资则必须上涨,相应地引起农业中工资水平的提高。由此引起的一个现象则是,农业工资与生产率的关系越来越符合经济学的理论预期(有关的经验论证,请参见Watanabe,1994)。

二、中国特色的二元经济发展

从农业中存在大量剩余劳动力、城乡劳动力市场处于制度性分割状态,以及因此形成的农村向城市转移劳动力工资水平长期停滞等特征来观察,中国的经济发展也可以被定义为一个刘易斯式的二元经济增长类型。但是,与典型的刘易斯模式相比,中国的二元经济增长又有其显著的特色,表现为改革开放之前,二元经济发展同时又是计划经济式的增长;而在改革开放时期,二元经济发展是与经济体制转轨相伴随的。在计划经济时期,虽然农业中存在着大量的剩余劳动力,统购统销、人民公社和户籍政策等制度安排,却阻止了劳动力在城乡之间和工农业之间的流动,微观激励机制上的严重缺陷和资源配置上的无效率,导致计划经济下的中国经济虽然实现了一定的增长率,却没有生产率的提高,全要素生产率对经济增长的贡献甚至是负数(帕金斯,2005)。经济改革和对外开放推动了中国的高速经济增长。在1978~2004年期间,中国GDP以年平均接近10%的速度增长。与此同时,中国经济增长在此期间也开始具有了二元经济发展的特征。我们可以通过考察与改革开放效应相关的经济增长因素，来描述一个中国特色的转轨中的二元经济增长。

首先，转轨时期的中国经济增长充分利用了人口红利。在整个改革期间，劳动年龄人口的数量持续增加，比重不断上升，因而人口抚养比相应下降。这种人口结构特征，一方面保证了经济增长过程中劳动力的充分供给，另一方面提高了资本积累率。由此形成的这种人口红利，通过资源配置机制的改革得以释放，并且通过中国参与经济全球化的过程而作为比较优势得以实现，从而延缓了资本报酬递减的过程，为经济增长提供了额外的源泉。计量表明，如果用人口抚养比作为人口结构所具有生产性的代理指标的话，改革期间总抚养比的下降对人均GDP增长的贡献为27%(Cai and Wang, 2005)。人口红利得到充分利用的一个突出的表现，是农村劳动力持续大规模地向城市非农产业转移，同时劳动力成本保持相对低廉。这个过程表现出鲜明的二元经济增长特征，工业化过程所需要的劳动力供给得到充分保障，同时，劳动者收入水平的提高主要是通过就业面的扩大，而不是通过工资水平的上涨实现的。

从表1中，我们可以观察到农村外出打工劳动力的规模不断扩大，2004年超过1亿人①。根据2001年和2005年对城市劳动力市场上农民工的两次调查②，我们得到了这两个年份城市农民工的平均年工资分别为12894元和16578元。利用这两个工资水平，我们可以估计出两组农民工工资变化的情形。第一种情形是按照一些学者的观点，假设在1997~2004年期间工资水平没有发生变化③。第二种情形是按照我们实际观察的结果，假设农民工工资是逐年提高的，并按照调查得到的2001~2005年期间的工资变化率推算各年的农民工平均工资水平。从农民工的工资水平变化趋势看，要么是假设没有提高，而在假设有所提高的情况下，其增长速度并不是很快。然而，用上述两个工资水平乘

---

① 也有一些不同的调查，显示农村外出劳动力的规模更大。例如，农调总队(2005)的调查表明，2004 年外出农村劳动力为 1.18 亿人。

② 这两次调查是由中国社会科学院人口与劳动经济研究所进行的。2001 年的调查包括 5 个城市，2005 年的调查包括 12 个城市。

③ 例如，李德水就认为，珠江三角洲地区农民工工资长期没有提高，和他们父辈 20 多年前外出打工时的收益水平相差不大(人民网，2005)。

以农村外出劳动力的总量，我们可以获得两组农民工外出打工总收入，即表中"打工收入(I)"和"打工收入(II)"，2004年为13229亿元到15980亿元之间。这个事实的另一个侧面，则是农民家庭纯收入中，工资性收入的比重不断提高。2003年以后这个比重没有再上升，显然是粮食直接补贴政策以及其他减轻农民负担政策的效果所致。

表1 农户从劳动力流动中获得的收入

年份	外出劳动力（万人）	打工收入(I)（亿元）	打工收入(II)（亿元）	工资性收入比重（%）
1997	3890	5016	3833	24.6
1998	4936	6364	5202	26.5
1999	5204	6710	5866	28.5
2000	6134	7909	7395	31.2
2001	7849	10121	10121	32.6
2002	8399	10830	11534	33.9
2003	9831	12676	14378	35.0
2004	10260	13229	15980	34.0

资料来源：农户工资性收入比重来自于国家统计局(2005)；外出劳动力平均工资来自于"中国城市劳动力调查"；迁移人数来源请参见蔡昉(2006)。

其次，转轨时期的中国经济高速增长得益于全要素生产率及其对经济增长的贡献率的提高。全要素生产率通常反映产出增长中不能为生产要素的投入所解释的部分，包括来自微观技术效率改进和来自资源配置效率改进两个组成部分。经济改革不仅通过在微观经营环节改善激励机制，提高了技术效率，还通过生产要素市场的发育，特别是劳动力的流动，获得了资源重新配置效应。已有的许多研究(如帕金斯，2005；Wu，2003)，都证明了改革以来中国经济全要素生产率的改进，以及在经济增长中贡献率的提高。还有研究具体估计了不同因素对于经济增长的贡献率，并且把全要素生产率分解为资源重新配置效率改进和微观技术效率改进两种效应，发现前者对1978~1989年期间GDP增长率的贡献率为21%，而后者只有3%(蔡昉、王德文，1999)。显而易见，中国经济的生产率的提高，是在具有劳动力无限供给特征的二元经济发展过程中实现的。

第三，对外开放为中国提供了发挥比较优势的机会。经济全球化的总趋势是国际贸易的空前发展。中国在劳动力的质量和价格上体现出来的资源比较优势,通过确立了劳动密集型产品在国际市场的竞争地位而得到发挥。在改革开放的近30年中,在世界贸易总量迅速增长的同时,中国对外贸易以更快的速度增长。例如,中国商品进出口总量占世界贸易的份额,分别从20世纪80年代初的1%强,以翻几番的速度提高到2004年的6%以上。此外,资本在世界范围的流动与配置,为中国提供了来自外部的更有效率的资源配置能力。在引进外商直接投资的早期阶段,资金不足仍然是中国经济增长的重要制约。因此,那个时期的外资具有填补国内储蓄缺口和外汇缺口的效果。随着国内储蓄率的迅速提高,以及相应而来的资金满足程度的提高,引进外资的速度不仅没有放慢,反而呈加速趋势。在中国发展到20世纪90年代后期以来的阶段上,引进外资主要不再是填补资金不足,而归根结底就是利用国际投资者的资源配置能力。

三、发展阶段性特征与转折点

中国经济在改革时期之所以能够充分获得人口红利,除了改革开放创造了必要的制度环境之外,还在于社会经济发展和计划生育政策促成了人口转变的提前完成。通常,在人口再生产类型从“高出生率、高死亡率、低增长率”阶段,经由“高出生率、低死亡率、高增长率”阶段向“低出生率、低死亡率、低增长率”阶段转变的过程中,由于出生率和死亡率下降在时间上具有继起性和时间差,相应形成人口年龄结构变化的三个阶段。这三个阶段分别具有少年儿童抚养比高、劳动年龄人口比重高和老年抚养比高的特征(Williamson, 1997)。具体来说,在死亡率下降与出生率下降的时滞期间, 人口的自然增长率处于上升期,需要抚养的少儿人口比例相应提高。随着生育率下降,经过一个时间差即大约20年的时间,劳动年龄人口所占比例开始上升。生育率的进一步下降导致人口增长率趋于降低,随后逐渐开始人口老龄化。由此分别形成人口自然增长率和劳动年龄人口增长率先上升后下降两条继起的变化曲线。

利用历史数据和预测结果,我们可以完整地观察到这个人口转变在中国的变化过程和趋势。如图1显示,继人口自然增长率从20世纪60

年代中期开始持续下降之后，劳动年龄人口的增长率从80年代也开始了下降的过程，并且在21世纪以来下降速度明显加快，预计在2017年左右停止增长。如果我们把劳动年龄人口看作劳动力供给的基础的话，上述趋势也就意味着在经历了一个中国特色的二元经济增长阶段之后，劳动力无限供给的特征正在消失，刘易斯转折点已经初见端倪。2004年开始出现的以“民工荒”为表现形式的劳动力短缺现象，已经从沿海地区蔓延到中部地区甚至劳动力输出省份，并且推动了普通劳动力工资的上涨。与此同时，城市失业率攀升和劳动参与率下降的趋势也得到遏止(蔡昉、王美艳，2006)。这都是可以印证上述判断的一些劳动力市场变化征兆。

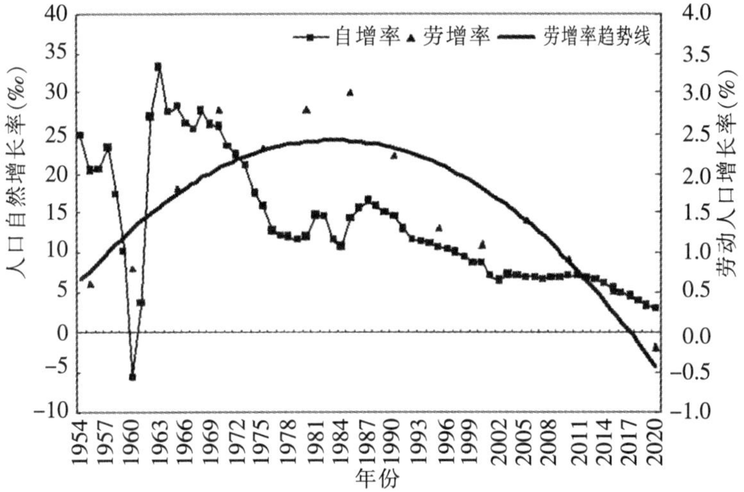

图1　人口转变及其引致的劳动年龄人口变化

资料来源：国家统计局，《中国统计年鉴》(历年)；United Nations (2005), “World Population Prospects: the 2004 Revision”, United Nations Population Division, Department of Economic and Social Affairs / United Nations Population Division.

把对劳动力需求和供给的预测结合起来观察，刘易斯转折点到来的征兆则更加明显。为了做一个简单的预测，我们可以对“十一五”期间的非农产业增长及其就业弹性做出不同的假设。首先，对非农产业增长率分别做出8%(低增长率)、9%(中增长率) 和10%(高增长率)三种假设。其次，对非农产业的就业弹性分别按照1991~2003年平均水平做出0.297的高弹性假设，以及比该平均值低半个标准差的低弹性假设

0.230。非农产业发展的新增劳动力需求,将是这几个假设值的组合。与劳动年龄人口总量预测值对比,我们可以看到,在设定的高位非农产业增长率和高位非农产业就业弹性的情况下,从2004年开始,新增劳动年龄人口数将持续低于非农产业劳动力需求量,而且两者差距逐年扩大。在其他各种假设的情况下,在2010年之前,也分别出现新增劳动力数量低于劳动力需求数量的情况(蔡昉,2006)。

四、制度创新与经济增长可持续性

正如在第一部分讨论过的,刘易斯转折点不仅是对发展中国家劳动力无限供给特征消失的一个时点的表达,其背后更具有丰富的经济发展含义。长期以来,中国处于一种二元经济发展的过程中,劳动力无限供给更是其典型特征。换句话说,无论是政府的政策制定和制度安排,还是企业的产业组织选择和技术选择,或者整体经济的产业结构形成,都是在这种结构特征下进行的。一旦刘易斯转折点到来,劳动力无限供给特征逐渐消失,中国经济将进入一个人们以往并不熟悉的发展环境。如何在这种变化了的环境下保持经济增长的可持续性,完成从计划经济向市场经济体制的转变,需要进行一系列制度创新。下面,我们依次讨论在刘易斯转折点到来之际,中国经济面临的挑战和需要进行的制度调整。

首先,刘易斯转折点要求转变经济增长方式,以获得持续的经济增长源泉。新古典增长理论预期在劳动力供给有限,从而存在资本报酬递减现象的条件下,保持经济增长可持续性必然要求技术进步引起的全要素生产率的提高(Solow, 1956)。历史上,苏联经济虽然取得过出人意料的高速增长绩效,但是,这种单纯依靠资本和劳动力投入的增长方式,最终没有能够经得住时间的考验。因此,当亚洲四小龙创造了高速增长的“东亚奇迹”时,遭到了众多西方经济学家的质疑,并断定了其增长的不可持续性(如Young, 1992;Krugman, 1994)。但是,他们忽略了东亚经济由于成功实现了人口转变,在不存在其他制约经济增长的瓶颈因素的条件下,劳动力供给不仅没有构成对经济增长的制约,反而为经济增长提供了一个额外的源泉,并使出现资本报酬递减的时间向后延缓[①]。而随着这些经济体迎来它们增长的刘易斯转折点，其生产率提高的速度明显加快，全要素生产率对经济增长的贡献率逐渐加大（Bhagwati,1996），最终实现了增长方式从主要依靠资本和劳动投入，到依靠生产率提高的转变。

中国的全要素生产率及其在经济增长中的贡献，在经历了改革后一段时期从负到正的提高之后，20世纪90年代以来表现并不理想。例如，一项研究显示，1979~1995年期间全要素生产率的增长率为4.63%，1996~2001年期间下降到只有0.60%（郑京海、胡鞍钢，2004）。另一项研究表明，1978~1993年期间，中国的劳动生产率增长率为7.0%，其中，因全要素生产率提高做出的贡献超过1/2，其他部分的贡献来自资本-劳动比率的提高。而在1993~2004年期间，劳动生产率提高速度为7.8%，其中全要素生产率的贡献只有1/3，来自资本-劳动比率提高的贡献明显提高（Kuiijs and Wang, 2005）。出现这样的现象，与当年亚洲四小龙最初生产率没有提高的理由十分相像，即由于人口红利的存在，劳动力数量、质量和价格具有明显的优势，并得以形成和保持很高的储蓄水平和资本积累率，使得这种主要依靠投入的增长方式足以支撑中国经济的高速增长。然而，随着刘易斯转折点的到来，传统增长方式赖以作用的条件就发生了变化，经济增长方式向主要依靠生产率提高的转变迫在眉睫。

其次，刘易斯转折点要求形成一个新的收入分配模式。库兹涅茨（Kuznets, 1955）假设存在着一个经济发展和收入分配关系的倒U字形曲线。虽然有众多的实证反例，收入分配状况在时间上呈现一定的变化轨迹的确是事实，而且在很多情况下存在着与经济发展的相互关系。既然都是关于经济发展阶段的特征描述，库兹涅茨关于收入不平等先上升后下降的转折点，与刘易斯转折点之间也必然存在着一定的逻辑联系。从理论上讲，一旦劳动力无限供给的特征消失，劳动力市场的一体化程度相应提高，在新的劳动力供求关系下，经济增长对普通劳动者即原来的低收入群体的需求扩大，导致其工资水平相对于其他群体提高更快，其结果则是社会收入的不平等程度降低（Freeman,

---

① 一些经济学家称这种效应为人口红利，并实际估计了该因素对东亚奇迹的贡献（Williamson, 1997）。

1993;Fields,2004)。从实证角度讲,库兹涅茨观察到自20世纪20年代开始,在西方主要工业化国家,主要由于低收入群体收入份额提高,导致收入不平等程度的降低(Kuznets,1955)。

在经济发展和市场发育的较低阶段上,资本是相对稀缺的生产要素,而劳动力是相对丰富的生产要素。因此,资本要素的市场回报相对高,劳动力的市场回报则相对低,社会收入通常有利于资本的所有者,而不利于劳动力的所有者。一个社会的收入分配状况受到收入分配的构成方式的影响。如果我们把社会收入划分为资本要素收入和劳动要素收入两个部分的话,前者对于收入不平等的贡献大于后者。如果资本收入在全部收入分配中的份额比较大, 就会形成较大的收入不平等。相反,如果工资收入在全部收入分配中的份额比较大,则具有缩小收入差距的效果。在劳动力无限供给特征消失、资本的相对稀缺程度相应下降,从而一个社会的就业更加充分的条件下,在全部收入分配中,劳动工资的收入份额就比较高,资本收入份额则相对降低,整个社会的收入分配倾向于更加平等。但是,这种变化并不会自然而然地发生,而是有赖于社会能否顺应发展阶段的要求,创造一个充分就业的环境。

第三,刘易斯转折点提出了一系列新的制度需求。许多国家的经验和教训都表明,社会经济政策和政府参与其中的制度安排,对于社会各阶层之间的利益分配结果有直接的影响(Krugman, 2006),而影响利益分配格局的政策和制度安排又是特定发展阶段的产物。劳动力市场长期供求关系的变化, 相应地带来不同群体对政策影响力的方式,从少数人占主导的"数量悖论"到多数人发挥作用的"供求法则"的转变(Olson, 1985; Anderson, 1995),从而一系列利益格局的均衡也发生变化。这种变化的内容涉及不同社会阶层影响政府政策和制度安排的相对谈判地位,以及由此引起的城乡之间资源流动关系、不同收入群体之间的分配关系、劳动力市场上雇用劳动者与雇主之间的关系等诸方面。

在中国特色的二元经济发展时期,具有现代经济部门特征的非农产业的迅速发展,引起劳动力从农村到城市的大规模流动,为前者提供了源源不断的低成本劳动力供给。由于劳动力供给的无限性,转移到非农产业就业的劳动力既不具有影响工资决定的集体谈判权,也无从影响地方政府的劳动力市场政策。因此,在这个发展阶段上,农村劳动力转移面临着一系列的制度性障碍。其中,最根本的制度安排是把城乡劳动力市场割裂开的户籍制度。由于这些制度性障碍的存在,地方政府往往把城市的就业压力归咎于外来劳动力的竞争,从而人为控制着城市劳动力市场的开放程度,形成排斥外来劳动力的周期性政策倾向(蔡昉等,2003)。每当转移劳动力遇到系统性政策阻挠时,他们只好退回到农村的承包土地或其他家庭经营上面,而农业和农村家庭经济则周期性地执行剩余劳动力蓄水池的功能。这种中国特色的"工资分享制"导致农村劳动力转移的临时性、农户收入的不稳定,以及城乡收入差距的持续存在。在劳动力供求关系发生变化的情况下,解决这些问题的条件已经具备。在大多数发达国家的历史上,系统性的劳动力短缺现象的出现,通常都成为改善劳资关系、缩小收入差距、政府立法和社会政策转向有利于普通劳动者阶层的转折点。但是,国际经验也表明,如果政府的政策不能顺应发展阶段变化的要求做出正确的调整,二元经济条件下形成的对普通劳动者的歧视性制度安排继续存在下去,将会引起劳动者阶层的严重不满,进而导致剧烈的社会冲突①。

五、结语

改革开放时期中国的经济增长,是通过一种有自身特色的二元经济发展模式实现的。一方面,各种有利的经济增长因素被充分地加以利用,创造了持续近30年的高速增长奇迹。另一方面,特定的发展时期所具有的劳动力无限供给特征,也导致经济增长方式没有实现从主要依靠常规生产要素的投入,到主要依靠生产率提高的模式的转变。同时,经济增长本身也未能自动解决二元经济发展中出现的社会问题。随着人口转变新阶段的到来,中国经济迎来其发展的刘易斯转折点,劳动力无限供给的特征逐渐消失。由于二元经济结构不仅表现为传统经济部门和现代经济部门之间的分野,更是对劳动力市场分割的一种特征性概括,因此,刘易斯转折点的到来,同时意味着对制度创新的紧迫需求,也就是说,解决发展过程中农村劳动力转移不充分、收入不平

① 20世纪80年代的韩国,就是一个具备了一系列必要的变革条件,但制度调整没有做出相应的正确反应,从而导致社会冲突的典型例子(Freeman,1993)。

等、劳动者权益没有得到充分保障等一系列问题的条件逐渐成熟。正确判断和认识经济发展阶段的变化特征，并且顺应这种发展阶段转折时期的内在逻辑，推进制度创新和政策调整，解决经济发展过程中长期积累的问题，对于保持经济增长可持续性、促进社会和谐具有至关重要的意义。

参考文献：

[1] Anderson, K. 1995. Lobbying Incentives and the Pattern of Protection in Rich and Poor Countries. Economic Development and Cultural Change, vol.43, No.2, pp. 401–423.

[2] Bhagwati, Jagdish N. 1996. The Miracle that Did Happen: Understanding East Asia in Comparative Perspective. Keynote speech at the Conference on “Government and Market: The Relevance of the Taiwanese Performance to Development Theory and Policy” in honor of Professors Liu and Tsiang, Cornell University, May 3.

[3] Fields, Gary. 2004. Dualism in the Labor Market: a Perspective on the Lewis Model after Half a Century. The Manchester School, Vol. 72, No. 6, pp. 724–735.

[4] Freeman, Richard. 1993. Labor Markets and Institutions in Economic Development. AEA Papers and Proceedings, Vol. 83, No. 2 (May), pp. 403–408.

[5] Krugman, Paul. 1994. The Myth of Asia's Miracle. Foreign Affairs (November/December).

[6] Krugman, Paul. 2006. Wages, Wealth and Politics. New York Times, August 18.

[7] Kuiijs, Louis and Tao Wang. 2005. China's Pattern of Growth: Moving to Sustainability and Reducing Inequality. World Bank China Office Research Working Paper, No.2, October.

[8] Kuznets, Simon. 1955. Economic Growth and Income Inequality. American Economic Review, Vol.45, No.1, pp. 1–28.

[9] Lewis, W. A. 1954. Economic Development with Unlimited Supplies of Labor. The Manchester School of Economic and Social Studies

22, 139–191. Reprinted in A. N. Agarwala and S. P. Singh (eds.). The Economics of Underdevelopment, Bombay: Oxford University Press, 1958.

[10] Olson, M. 1985. The Exploitation and Subsidization of Agriculture in the Developing and Developed Countries. paper presented to the 19th conference of International Association of Agricultural Economists, Malaga, Spain.

[11] Ranis, Gustav. 2004. Arthur Lewis' Contribution to Development Thinking and Policy. Yale University Economic Growth Center Discussion Paper, No. 891(August).

[12] Solow, Robert M. 1956. A Contribution to the Theory of Economic Growth. Quarterly Journal of Economics, Vol. 70, No. 1 (February): 65–94.

[13] Todaro, M. 1969. A Model of Labor Migration and Urban Unemployment in Less Developed Countries. American Economic Review, March, pp. 138–148.

[14] Watanabe, Susumu. 1994. The Lewisian Turning Point and International Migration: The Case of Japan. Asian and Pacific Migration Journal, Vol. 3, No. 1, pp. 119–147.

[15] Williamson, Jeffrey. 1997. Growth, Distribution and Demography: Some Lessons from History. NBER Working Paper Series, Working Paper, No. 6244.

[16] Wu, Yanrui. 2003. Has Productivity Contributed to China's Growth? Pacific Economic Review, Vol. 8, Issue 1.

[17] Young, Alwyn. 1992. A Tale of Two Cities: Factor Accumulation and Technical Change in Hong Kong and Singapore, in Olivier Blanchard and Stanley Fischer (eds). NBER Macroeconomics Annual, Cambridge, Mass.: MIT Press.

[18] 阿瑟·刘易斯.1989.无限劳动力：进一步的说明.载：阿瑟·刘易斯编著.二元经济论.施炜，谢兵，苏玉宏，译.北京：北京经济学院出版社.

[19] 蔡昉.2006.科学发展观与增长可持续性.北京：社会科学文献出版社.

[20] 蔡昉，都阳，王美艳.2003.劳动力流动的政治经济学.上海：上

海三联书店、上海人民出版社.

[21] Cai, Fang and Wang Dewen. 2005. China's Demographic Transition: Implications for Growth, in Ross Garnaut and Song Ligang, eds. The China Boom and Its Discontents, Canberra: Asia Pacific Press.

[22] 蔡昉,王德文.1999.中国经济增长可持续性与劳动贡献.经济研究,(10).

[23] 蔡昉,王美艳.2006."未富先老"与劳动力短缺.开放导报,(1).

[24] 德怀特·帕金斯.2005. 从历史和国际的视角看中国的经济增长.经济学(季刊),4(4),北京:中国经济研究中心、北京大学出版社.

[25] 郭永刚.2006.吴敬琏:中国经济失衡根源在增长方式.中国青年报,07-24.

[26] 库兹涅茨.1997.现代经济增长:事实和思考.载:王宏昌编译.诺贝尔经济学奖金获得者讲演集(1969/1977).北京:中国社会科学出版社。

[27] 罗斯托. 2001.经济增长的阶段——非共产党宣言.郭熙保,王松茂译.北京:中国社会科学出版社.

[28] 农调总队.2005.2004 年全国农村外出务工劳动力继续增加,2005-03-24,http://www.sannong.gov.cn/qwfb/ncjj/200503300220.htm.

[29] 人民网.2005.工资 20 年几乎不变,李德水解读民工荒经济原因,http://politics.people.com.cn/GB/1027/3149315.html.

[30] 王德文,蔡昉,张学辉.2004.人口转变的储蓄效应和增长效应——论中国增长可持续性的人口因素.人口研究,(5).

[31] 郑京海,胡鞍钢.2004.中国改革时期省际生产率增长变化的实证分析.国情研究中心工作论文,(1).

自述之五

改革开放时期中国经济的高速增长，具有刘易斯理论所揭示的典型的二元经济发展特征。按照刘易斯理论，只有完成这个发展阶段，一个经济体才会进入新古典增长阶段。而划分两个发展阶段的转折点，就是表现为劳动力从无限供给转为短缺，以及普通劳动者工资开始持续上涨的刘易斯转折点。发表在《中国社会科学》2007年第3期的《中国经济面临的转折及其对发展和改革的挑战》，用中国经济发展经验扩展和修正了刘易斯模型，描述了中国特色的二元经济发展路径，对经济发展阶段的重要转折点做出判断，即中国经济已经迎来刘易斯转折点。同时提出在这一转折点到来之后，如何保持经济增长的可持续性的政策建议。

关于中国经济是否已经跨越刘易斯转折点，始终是一个争论不休的问题。我最早做出这个判断之后，经历了一个大多数学者和政策制定者不赞同，到迎来越来越多的支持者的过程，直至2010年以后，相当多的经济学家、企业家和政府官员已经认可这个判断。在这个过程中，国外学者也热情地参与了争论。除了各类国内外发表的相关文章之外，有两份英文杂志（China Economic Journal和China Economic Review）出版了专刊，分别约请了正反两方的作者撰写文章，争论中国的刘易斯转折点。

虽然总体来说，身处海外的学者在掌握中国的发展进程上有一定的滞后，这些文章无疑都是严肃的研究成果，读者从中可以找到各种各样的观点，作为有益的参考资料，了解对这一问题的争论。其中一些有代表性的论文后来又被收入到蔡昉、杨涛、黄益平主编的《中国是否跨越了刘易斯转折点？》（社会科学文献出版社，2011年）一书中。总体来说，在各种场合的讨论中，除去赞成我关于刘易斯转折点已经到来判断的观点外，还有三类属于商榷观点的文章与言论。

一是否认刘易斯理论对中国经济的适用性。其实，否定刘易斯二元经济理论是主流经济学长期的倾向，主要是认为劳动力市场本应该结清剩余劳动力。而在刘易斯本人的解释中，对于为什么劳动力市场不能结清剩余劳动力，的确也没有给予特别有说服力的论证。不过，中国的户籍制度这样一种特殊的制度安排,恰好提供了何以剩余劳动力持续存在的有效解释,从而挽救了刘易斯理论。由于户籍制度人为分割了城乡劳动力市场,使得农业和农村剩余劳动力不能自由迁移到城市非农产业就业,或者即使进入城市部门就业,农民工也因户籍身份而被置于边缘化的劳动力市场地位上。只有在非农产业创造出就业岗位的同时,还伴随着不断清除制度性障碍的改革,经济发展才是一个典型的二元经济发展过程,并一直持续到刘易斯转折点到来。

二是认为中国的刘易斯转折点尚未到来。归根结底,对于转折点是否到来的判断,是一个经验问题,取决于研究者是否能够深入到中国生动的经济实际中,获得中国经济发展的一手资料,能否处理复杂的微观和宏观数据,从而真正理解现实中日新月异的情况。许多持反对观点的研究, 对中国缺乏一致性的人口和劳动力数据不甚了然,要么一概否定,要么盲目接受并依此进行计量研究,以致只能做出滞后的从而也是不准确的判断。

不过,关于刘易斯转折点的定义,也常常成为不同意见产生的原因。撇开许多即兴的评论并没有弄清何为刘易斯转折点之外,严肃的经济学家也对刘易斯转折点产生了歧义。日本经济学家南亮进教授邀请我到日本开会,专门面对面争论中国是否到达了转折点。争论中我突然发现,我们两个人使用的刘易斯转折点概念并不一致,我讲的是出现劳动力短缺和工资上涨现象的第一个转折点,他讲的则是农业与非农产业劳动边际生产力相等的第二个转折点,或文献中所谓的商业化点。我指出这一点并做了解释之后,几个南亮进教授的学生马上就去查阅文献,然后悄悄跟我说,看来您是对的。

三是鉴于经济发展阶段具有长期性的特点,其变化也反映在一定的时间区段内,因此,有人建议用“刘易斯转折区间”的概念代替刘易斯转折点。这个建议是有道理的,但是也要防止把“区间”无限延伸,以致失去“转折”本来所具有的含义。在接受这一建议的情况下,我把出现劳动力短缺和工资上涨现象的刘易斯转折点,与表现为劳动年龄人口开始减少从而人口红利消失的转折点之间的间隔,作为刘易斯转折区间进行考察。按照这种思路,我的发现更为惊人,到2010年为止,这个转折区间也已经结束了。

本文是我论证刘易斯转折点的一系列文章之一,虽然不是讨论最深入的一篇,但也具有一定的代表性。或许是由于我所发起的关于刘易斯转折点的判断,有助于推动经济学界的广泛讨论,及其对相关政策的引导意义,本文获得了2008年第二届张培刚发展经济学研究优秀成果奖。其实,是否承认某个以外国经济学家命名的经济发展阶段变化转折点,并不是问题的核心。真正重要的是,伴随着这个转折点的到来,影响经济增长的一系列因素会发生变化,经济发展方式转变的迫切性就变得更加突出了。就这一点来说,这个问题的讨论尚未有穷期,仍然有待深化,我们也期待由此对发展经济学做出中国人的贡献。

人口转变、人口红利与刘易斯转折点*

一、引言

在理论界和政策研究领域，关于中国经济增长是否正在丧失人口红利的支撑，以及中国经济发展阶段是否已经迎来刘易斯转折点的判断，众说纷纭、莫衷一是，讨论仍然方兴未艾。本文作者在一篇合作的文章中(Cai and Wang, 2005)，以人口抚养比为代理指标，估算了人口红利对1982~2000年期间人均GDP增长率的贡献为26.8%，同时指出，随着大约在2013年人口抚养比由下降转为提高，传统意义上的人口红利趋于消失。在其他文献中(如蔡昉，2008；Cai,2008)，作者从人口年龄结构变化趋势、劳动力市场供求关系变化、普遍出现的民工荒现象，以及普通劳动者工资上涨等方面的新形势，做出了刘易斯转折点到来的判断，并从经济增长方式转变、收入分配格局变化、劳动力市场制度建设、人力资本培养等方面揭示了转折点到来所具有的政策含义。

对于上述判断，许多学者和政策研究者持赞同的态度，也出现了很多批评意见。在最初的文章和答复性文献中(蔡昉，2008)，笔者尝试提供更多的经验证据，从不同角度印证所得出的判断。但是，对于经济现实中的表现，人们从不同的角度，常常得出大相径庭的观察，对相同的现象，也往往会做出不尽相同的解说，得出相异的结论，见仁见智。一个挥之不去的传统观念是：中国人口基数大，劳动力数量多，农村剩余劳动力取之不尽、用之不竭。因此，任何学术观点或政策建议，如果认为(即便是在未来)劳动力会出现总量不足的可能性，农村剩余劳动力即将转移殆尽，以至得出刘易斯转折点到来的结论，都难以获得广泛的认同①。无论是针对笔者的批评意见，还是对于中国人口和劳动力

---

* 本文原载于《经济研究》，2010(4)。

① 本文不拟讨论由于对刘易斯转折点含义的理解不同而产生的观点分歧。根据刘易斯本人及稍后研究(参见 Lewis, 1972；Ranis and Fei, 1961)，我把劳动力需求增长超过供给增长速度，工资开始提高的情形称作刘易斯转折点。此时农业劳动力工资尚未由劳动边际生产力决定，农业与现代部门的劳动边际生产力仍然存在差异。而把农业经济部门和现代经济部门的工资都已经由劳动的边际生产力决定，两部门劳动边际生产力相等阶段的到来，称作商业化点，这时才意味着二元经济的终结。

状况的一成不变的认识,主要是因为受到统计数字的迷惑,而统计数字中存在的问题主要有以下几个方面。

第一,关于农业劳动力使用的数据,正规统计制度不能充分反映迅速变化的农业生产现实,使得学者要么对最新的情况懵然无知,要么陷入"数字的暴政"(Young, 1992),以致计量经济学分析的数据基础十分地不牢靠。正如有学者指出的:中国改革发生得太快,以致统计改革不能及时跟进(Ravallion and Chen, 1999)。例如,根据《中国统计年鉴》,2008年农业劳动力为3.1亿人,占全国劳动力比重至今仍然高达39.6%。而由于统计口径的因素,农业普查的农业就业数字甚至更高。而事实上,农业成本调查资料所显示的农业生产实际投入劳动的数量,比上述数字要低得多(Cai and Wang, 2008)。综合考虑农村劳动年龄人口的增量态势、农业劳动力转移状况,以及农业机械化的提高程度,可以认为农业中实际容纳的劳动力比统计数字所显示的要少得多。因此,基于汇总统计数据得出仍然有大量剩余劳动力可供转移(如Lau, 2010),或者由此进行的计量经济学分析,得出农业劳动边际生产力仍然很低的结论(Minami and Ma, 2009),都会因为高估农业中剩余劳动力的数量,而否定刘易斯转折点到来的结论。

第二,关于劳动力市场和城乡就业状况的统计数据,许多学者无法读懂,以致得出偏离实际情况的相关结论。随着产业结构和经济成分的日趋多样化,特别是经历了20世纪90年代后期的劳动力市场冲击之后,城镇就业渠道也呈现多元化的趋势,不仅不再是国有部门和集体部门占主导的就业结构,而且出现了规模庞大的非正规就业。与此同时,大规模农村劳动力在本地或外出从事非农就业,总量超过2.3亿,其中1.5亿进城务工。在常规统计中,城镇居民中的非正规就业和农民工的就业,除了通过汇总和分析,可以得出一个大约1亿人的总量和占城镇总就业约30%的比例外,通常没有可供进行分部门分析的数据(Cai,2004)。此外,迄今没有公开发布比登记失业率更能反映现实劳动力市场状况的调查失业率数字,使得许多学者做出没有数据支撑的猜想。因此,许多研究者仅仅依据统计年鉴上的正规就业数据,以及任意性比较强的估计,来判断劳动力市场状况,得出就业零增长或者失业率仍然很高的结论(如Rawski, 2001),以致当全国普遍出现民工荒现象时,许多人无法接受其为真实的存在。

第三,关于人口总量增长和结构变化的趋势,统计年鉴发布的汇总数据很难提供整体的特征性描述，通常也没有及时更新的人口预测。实际上，历次人口普查数据都可以提供人口变动的新态势。但是，由于对于诸如总和生育率(Total Fertility Rate)等重要参数的认识不一致①，始终没有定期发布一个权威的、不断更新的，并且得到官方和民间认可的人口预测报告，一般读者更是不知道人口变动的趋势，以致许多人还认为中国人口的峰值在2040年或以后的某一时刻达到，届时人口总量为16亿(如刘遵义，2010)。至于说到人口年龄结构的变化趋势，大多数人都不知道劳动年龄人口的增长已经大幅度减缓，因而劳动力无限供给的人口基础正在消失的现实，以致不愿意相信人口红利的式微和刘易斯转折点的到来。

可见，对于人口转变格局与趋势的认识，将有助于人们对劳动力市场状况的正确理解，更是旨在挖掘经济增长可持续性潜力的相关政策的决策基础。本文的以下部分将说明，人口转变与二元经济发展过程有着共同的起点，相关和相似的发展阶段特征，以及在相当大程度上的过程重合，进而人口转变所促成的人口红利期，是二元经济发展的一个阶段。因此，论证人口红利的消失与证明刘易斯转折点的到来，实际上是同一项学术工作。本文其他部分是这样组织的：第二部分从理论和国际经验角度论证人口转变与二元经济发展过程的逻辑关系；第三部分用数字描述中国的人口转变过程及其对经济增长的影响；第四部分回答如何缩小“未富先老”缺口的问题；第五部分对文章的主要结论进行小结，并揭示政策含义。

二、人口转变与二元经济发展阶段

以刘易斯(Lewis, 1954)为代表性作者的二元经济发展理论广为人知。该理论把一个典型的发展中国家区分为农业经济部门和现代经济部门，在前一部门中存在着相对于资本和土地来说严重过剩的劳动

① 2000年进行的第五次人口普查显示，总和生育率仅为1.32，甚至低于1.51的政策生育率。许多人对此提出怀疑(于学军，2002)。自此之后，关于总和生育率究竟是多少，一直存在不同的认识。总体来说，政府部门趋向于认为总和生育率仍然较高，学者相信的数字偏低。即便如此，争论的幅度也在1.6~1.8之间，远远低于2.1的替代水平。

力，因而边际劳动生产力为零甚至负数。随着现代经济部门的扩大，在工资水平没有实质性增长的情况下，剩余劳动力逐渐转移到新兴部门就业，形成一个二元经济发展过程。这个过程一直持续到某个时刻，这时对劳动力需求的增长超过劳动力供给的增长，继续吸引劳动力转移导致工资水平的提高，迎来刘易斯转折点。虽然在学说史上几经沉浮(Ranis, 2004)，二元经济理论一直是发展经济学中最具有核心地位的理论模型。

但是，甚至在刘易斯最初文章发表之前，人口转变理论(demographic transition theory)的成熟形式已经公开发表①。对应工业化前后发展时期，该理论把人口再生产类型区分为三个主要阶段，分别为(1)"高出生、高死亡、低增长"阶段，(2)"高出生、低死亡、高增长"阶段，以及(3)"低出生、低死亡、低增长"阶段。虽然我们无法断定刘易斯注意到人口学在这方面的重要文献，但是，刘易斯本人在其文章中不乏类似的人口学假定。在定义二元经济结构中的重要部门农业时，他解释说："相对于资本和自然资源来说人口如此众多，以致……劳动的边际生产力很小或等于零"，因而"劳动力的无限供给是存在的"。这里所隐含的就是人口转变的第二个阶段，即外生的人口死亡率下降和高出生率的惯性，导致人口自然增长率处在很高的水平上。又由于农业是更初级的生产部门，所以过剩的人口和劳动力被积淀在这个部门。

理解人口转变与二元经济发展阶段之间逻辑关系的关键，是理解人口红利的产生和获得的机制。在较早的人口学和经济学文献中，关于人口与经济发展的关系，主要着眼于人口总量或人口增长率与经济增长率之间的关系，而关于人口转变的讨论，也仅仅停留在生育率、出生率、死亡率和人口总量的层面上。因此，在这些讨论中，人们忽略了经济发展与人口结构之间的关系，以及人口转变最重要的一个结果是人口结构及劳动力供给特征的变化。随着大多数发达国家和许多新兴工业化国家和地区相继完成了人口转变，人口学家开始观察到这个转变所导致的人口老龄化后果。进而，经济学家又观察到伴随着人口转

① Thompson(1929)最早区分了人口转变的三个阶段；随后有人又划分了人口转变的五个阶段。但是，由于他们都没有做出关于生育率下降的标准理论解释，所以，人口转变理论之父的称号被授予了Notestein(1945)。关于这个领域学说史的简述，请参见Caldwell(1976)。

变而发生的劳动年龄人口的变化，及其对经济增长源泉的影响(Williamson, 1997)。在死亡率下降与出生率下降之间的时滞期间，人口的自然增长率处于上升阶段，需要抚养的少儿人口比率相应提高。再经过一个时间差，当婴儿潮一代逐渐长大成人，劳动年龄人口的比率依次上升。随着社会经济发展而生育率下降，人口增长率趋于降低，随后逐渐开始人口老龄化。换句话说，当人口自然增长率先上升随后下降形成一个倒U字形曲线变化之后，以大约一代人的时差，劳动年龄人口也呈现类似的变化轨迹。

因此，当人口年龄结构处在最富有生产性的阶段时，充足的劳动力供给和高储蓄率为经济增长提供了一个额外的源泉，因而被称作人口红利。相应地，一旦人口转变超过这个阶段，人口年龄结构因老龄化而在总体上不再富有生产性时，通常意义上的人口红利便相应丧失。由于人口转变阶段的变化可以最综合地用总和生育率来反映，我们可以从理论上预期这样一个人口转变与经济增长的关系(图1)：在总和生育率处于很高水平上时，经济增长率也相应处在很低的(假设没有人口转变和技术进步的)稳态水平上；随着生育率下降，并由此逐渐形成了富有生产性的人口年龄结构，经济增长率加快，因而获得人口红利；而当生育率继续下降到更低的水平上时，由于老龄化程度提高，经济增长率逐渐回落到较低的(不再有我们认识到的人口转变，但是技术进步处在创新前沿的)稳态水平上。相应地，在生育率下降从而形成具有生产性的人口年龄结构的特定人口转变阶段，如图中虚线所标示的，形成所谓的“人口机会窗口”。

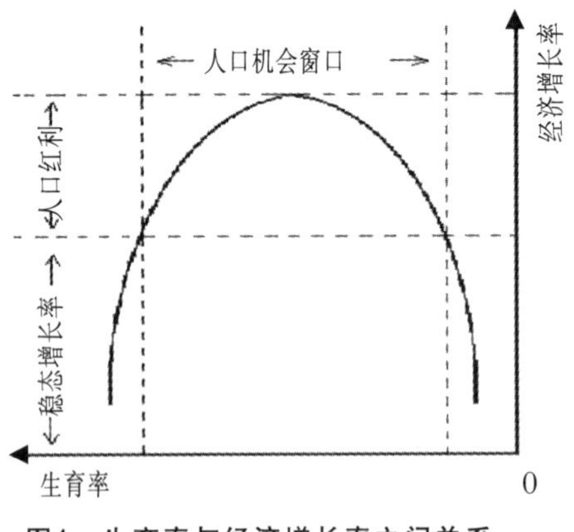

图1　生育率与经济增长率之间关系

需要指出的是,影响经济增长表现的因素众多,绝非仅仅人口因素。例如,在捍卫新古典增长理论的实证研究中,经济学家先后找出上百个具有统计显著性的解释变量,尝试揭示经济增长之谜(Sala-i-Martin, 1997)。对于低收入国家处于"贫困陷阱"中的极为低下的稳态增长,以及高收入国家处在技术创新前沿上的低稳态增长水平,尤其需要避免以人口因素来进行解释。同时,这里我们也暂且撇开经济增长对人口转变的反作用①,而仅仅关注生育率与经济增长率之间的关系。在做出以上假设的条件下,从人口红利的理论出发,不仅可以做出上述关于两者关系的假设,而且可以从经验上得到检验。

利用世界银行世界发展指数(World Development Indicators)数据库,我们可以对1960年以来各国GDP年增长率与总和生育率的关系进行一些描述性的统计刻画。在该数据库中,GDP年增长率介于-51%~106%之间。为了避免解释那些极端值的复杂性,在此处的分析中,我们只观察GDP增长率介于0%~10%之间更反映常态趋势的观察值。根据我们所做的理论预期,GDP增长率与总和生育率之间,并非简单的线性关系,而是呈现较为复杂的非线性关系,表现为随着生育率下降经济增长率先上升随后降低的曲线。因此,我们根据理论上得出的GDP增长率与总和生育率以及总和生育率平方项的关系,在图2中画出了GDP增长率的拟合值,并给出95%的置信区间。

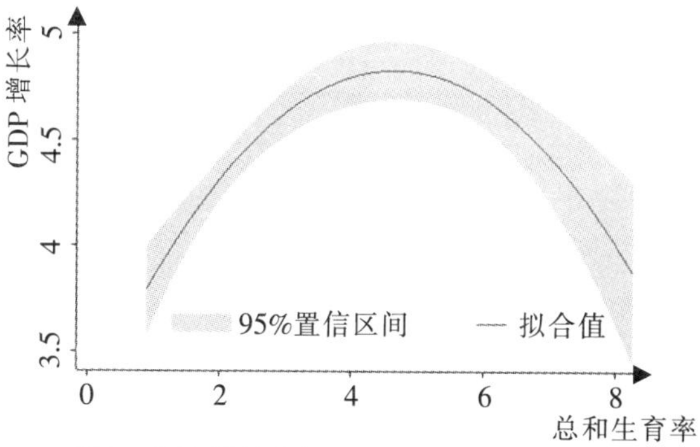

图2 GDP增长率与总和生育率的经验关系

资料来源:根据世界银行世界发展指数(World Development Indicators)数据库数据绘制。

① 都阳(2004)在他的文章中发现,计划生育政策、人均GDP水平和人力资本水平对中国生育率的急剧下降有明显作用,同时也区分了三个变量的不同影响。

图2直观地告诉我们，总和生育率与GDP增长率之间，呈现一种倒U字形的关系。那些总和生育率处于很高水平的国家，GDP增长率较低；随着总和生育率的下降，GDP增长率上升；而总和生育率下降到一定水平时，GDP增长率达到最高值，相应也达到了一个从上升到下降的转折点；随着总和生育率的进一步下降，那些总和生育率较低的国家，GDP增长率也较低。这个简单的经验曲线，与前面的理论预期完全一致。

为了进一步分析GDP增长率与总和生育率之间的这种非线性关系，利用前述数据库，我们用GDP增长率做因变量，用总和生育率和总和生育率的平方项做自变量进行回归，回归结果列于表1。从回归结果可以看到，总和生育率的系数显著为正，而总和生育率平方项系数显著为负，这进一步展示了GDP增长率随总和生育率下降先提高后降低的倒U字形经验关系。不过，这个统计分析并不尝试代替一个增长回归，去解释影响经济增长的绩效，而仅仅关注生育率与经济增长率之间的表面联系。一旦我们从经济理论和国际经验上都确认了这种生育率与经济增长率之间的关系，就可以更一般地认识人口学所认识到的人口转变过程，与人口经济学所确立的人口红利获得过程，进而与经济发展过程中呈现的刘易斯转折点之间的关系。在此基础上，我们可以从中国人口转变结果出发，分析中国经济增长过程中人口红利的产生与预期的消失，进而判断刘易斯转折点的到来。

表1　GDP增长率与总和生育率回归结果

项目	系数	标准误	T值	P>|T|
总和生育率	0.6852	0.1133	6.05	0.000
总和生育率平方项	–0.0736	0.0137	–5.38	0.000
常数项	3.2359	0.1909	16.95	0.000
观察值		3380		

三、中国人口转变的经济影响

中华人民共和国成立后，随着经济发展和人民生活改善，人口转变就进入了第二个阶段，剔除20世纪50年代末60年代初的非正常波动后,主要表现为在死亡率大幅度降低的同时,出生率继续保持在高水平上,因而人口自然增长率过快。相应地,一直到20世纪70年代之前,总和生育率通常处在高达6的水平上。然而,并不像许多人想象的那样,生育率下降只是计划生育政策的结果。其实,总和生育率大幅度降低发生在1970~1980年期间,即严格的计划生育政策实施之前,从5.8下降到2.3,共下降了3.5个,而假设目前总和生育率为1.6~1.8之间的话,1980年以后总共才下降了0.5~0.7个。这个事实验证了经济学家和人口学家关于人口转变规律所取得的学术共识:三个主要人口转变阶段的依次更替,是经济和社会发展的结果。在这个基础上,随着人口转变第二个阶段向第三个阶段的转变,劳动年龄人口的增长速度快于依赖型人口,其在总人口中的比重逐渐提高,形成可以把经济增长率提升到稳态水平之上的人口红利。

虽然中国的人口抚养比,即依赖型人口(14岁以下人口与65岁以上人口之和)与劳动年龄人口(15~64岁)的比率,早在20世纪60年代中期就开始下降,但劳动年龄人口总量迅速增长且比重大幅度提高,从而人口抚养比显著下降,则主要开始于20世纪70年代中期(图3)。这个有利的人口年龄结构在改革开放年代被转化为推动经济高速增长的人口红利。对于中国经济获得人口红利的原理解说、过程描述和经验检验,笔者在一系列论文和著作中已经有详细的交代(如蔡昉,2008;Cai and Wang, 2005)。在这些文献中,笔者也做出了刘易斯转折点到来的判断,并给予实证检验和证明。在本文中,把人口转变、人口红利和刘易斯转折点三个概念和过程集中讨论,目的在于说明三者之间的逻辑联系,并依照这种逻辑关系,对未来中国经济增长面临的诸多挑战做出一致性的阐释。

图3中联合国对中国分年龄的人口预测,是根据2000年第五次人口普查、2005年1%人口抽样调查以及随后的调查信息,参考官方关于总和生育率等重要参数的估计,按照中位方案于2008年做出的最新修正结果。这与中国不同单位所做的预测大体上是一致的。根据这个预测,人口总规模预计在2030年达到峰值,届时中国人口为14.62亿,而在此之前,15~64岁劳动年龄人口于2015年达到峰值,总量为9.98亿。显而易见,虽然这两个人口峰值的预测结果,是可以从公共信息平台上随时获得的,但是,其不仅不为广大普通读者所知,而且相当多的经济学家也并不了然。然而,了解这个变化趋势,对于研究中国经济发展前

景的学者,特别是其中那些经常发表意见并对受众产生巨大影响的学者,显然是必需的。

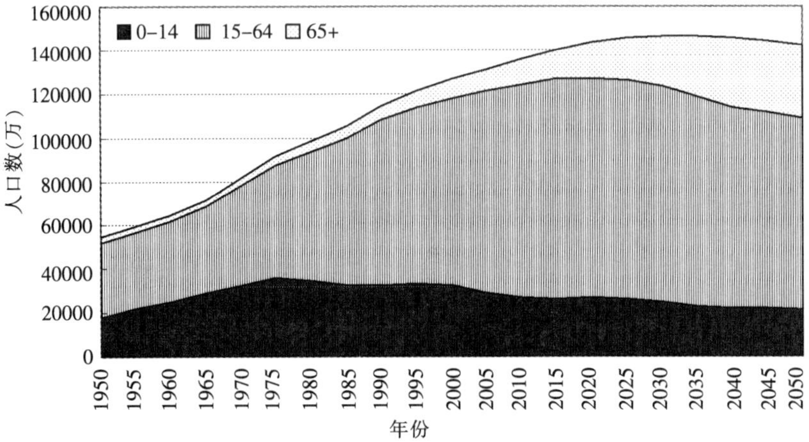

图3　少儿人口、老年人口与劳动年龄人口变化趋势

资料来源:United Nations, 2009。

进一步考察上述人口预测结果,我们可以看到,在1970~2010年期间,劳动年龄人口的增长率高于总人口的增长率,而此后则呈现相反的趋势,意味着人口年龄结构不再朝着具有生产性的方向变化。从劳动力供给的角度看,由于城市是非农产业发展的集中区域,中国高速经济增长所吸纳的就业人口,主要集中在城市部门,而城市劳动力的供给已经越来越依赖于农村劳动力转移。根据另一项预测(胡英,2009),到2015年,城市新增劳动年龄人口的数量小于农村劳动年龄人口的减少数量。这意味着,在假设吸引农村劳动力转移的激励力度等其他因素不变的情况下,进城农民工的数量不足以填补城市劳动力减少产生的缺口。由于在到达这个时点之前,按照常住人口的口径,即考虑到劳动力从农村向城市流动因素的情况下,农村劳动年龄人口的减少量,已经逐年接近城市劳动年龄人口的增加量(两者相等的那个点就是中国作为一个整体,劳动年龄人口停止增加的时刻),劳动力市场已经在逐步对此做出反应,一方面表现为全国范围不断出现的民工荒现象,另一方面表现为农民工工资的逐年上涨。而按照定义,这就是刘易斯转折点到来的特征性表现。

四、如何缩小"未富先老"缺口?

世界范围的经验表明,人口转变的主要推动力是经济增长和社会发展,而生育政策仅仅起到外加的且相对次要的助动作用。例如,韩国、新加坡、泰国和中国台湾都没有实行过强制性的计划生育政策,但是,这些国家和地区与中国大陆一样,生育率从20世纪50年代大致相同的高起点上,到90年代以后都下降到低于更替水平以下。而印度由于经济和社会发展绩效较差,人口转变过程相对滞后,但也经历了类似的变化轨迹(林毅夫,2006)。由于中国经济高速发展起始于20世纪80年代,在改革开放期间经历了30年的增长奇迹,但其起步仍然晚于亚洲四小龙,因此,在人均收入水平尚低的情况下进入到人口转变的新阶段,形成"未富先老"的特点。2000年中国65岁及以上人口比重为6.8%,与世界老龄化平均水平相同,而2001年中国的人均国民总收入(GNI),按照官方汇率计算,是世界平均水平的17.3%,按照购买力平价计算,则是世界平均水平的56.3%。虽然中国严格的计划生育政策不啻一个适度的加速因素,但是,归根结底,人口转变是经济和社会发展的结果,"未富先老"产生的缺口(即人口老龄化向发达国家趋同的速度,超过人均收入趋同的速度),也主要是经济发展水平与发达国家的差距造成的。

尽管发达国家都面临着人口老龄化对经济增长和养老保险制度的挑战,各国在应对老龄化问题上也存在差异,但是,总体上来说,这些国家由于人均收入已经处在较高的水平上,技术创新也处于前沿水平上,因此,主要依靠生产率提高驱动的经济增长仍然是可持续的,迄今也足以应对老龄化危机。相应地,中国应对劳动年龄人口减少、老龄化水平提高的人口转变后果,关键在于保持高速增长势头。换句话说,由于人口转变过程是不可逆转的,即便在生育政策调整的情形下,老龄化趋势仍将继续,已经形成的"未富先老"缺口,主要应该依靠持续的经济增长来予以缩小,并最终得到消除。

随着中国经济总量在世界排位的不断跃升,并预计在2010年超过日本成为世界第二大经济体,由于人口增长率处于低水平,人均GDP的提高也将日益加速。日本经济研究中心(JCER,2007)对中国经济规模和人均收入做了长期预测。根据这个预测，按照购买力平价和2000年不变美元计算，2020年中国GDP总量为17.3万亿美元，2030年为25.2万亿美元，2040年将达到30.4万亿美元。这三个相应年份的人均GDP预测值则分别是1.2万美元、1.8万美元和2.2万美元。美国经济学家Fogel（2007）则更为乐观，预测2040年中国GDP总量高达123.7万亿美元，在人口达到14.6亿的情况下，届时中国人均GDP高达8.5万美元。值得指出的是，这两个预测采用的方法论不尽相同，使用的数据来源差异也很大，特别是用购买力平价的计算，与中国官方和学者的口径也不相符。其实，从两个预测结果之间的巨大差异也可以看到各自的局限性。

但是，上述预测反映的一个事实是，从21世纪第二个十年开始，中国将以全球第二大经济体的姿态，加速其从中等收入国家向高收入国家的转变。如果中国能够保持与过去30年相当，或即便略微减速的经济增长率和人均收入增长率的话，她将以很快的速度与发达国家的富裕程度趋同。因此，这些经济学家的预测，反映的是一种正确的方向和符合规律的前景。因此，在人口转变趋势不变的情况下，经济发展水平与人口老龄化之间的缺口将逐渐缩小。在图4中，我们把2000年和2010年的中国人口年龄结构与发展中国家进行比较，显示出了明显的"未富先老"特征，而把2020年和2030年的中国人口年龄结构与发达国家进行比较，则显示出"未富先老"缺口的显著缩小。由此可见，充分挖掘当前人口红利的潜力，创造新的人口红利，并逐渐转向利用新的经济增长源泉，是在后刘易斯转折时期应对人口老龄化的根本出路。

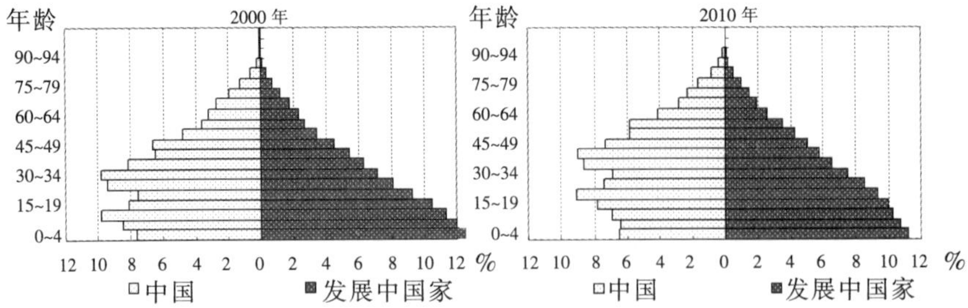

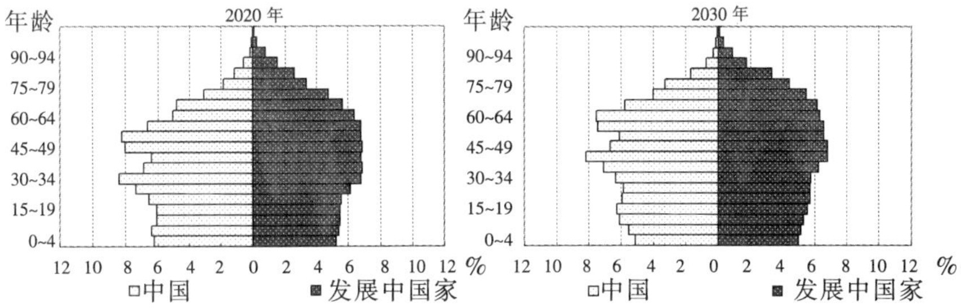

图4　依靠经济赶超缩小“未富先老”缺口

资料来源：United Nations, 2009。

五、结语和政策含义

通过对中国人口转变结果及其经济影响的分析，特别是本文尝试进行的经验检验，使我们可以更加确信人口转变与经济发展两个过程之间所具有的内在逻辑联系。因而，做出人口红利的式微和刘易斯转折点到来的判断，无论在理论上还是在实证上，都是有充分依据的。对于这样的一些判断所产生的争论本身，在某种程度上提示我们，本文所讨论的这个转折点是否到来，具有很重要的政策含义。

经济发展到达刘易斯转折点，对于一个发展中国家具有至关重要的意义，因为只有通过了这个转折点，传统经济部门与现代经济部门的劳动边际生产力才开始逐步接近，以至最终达到消除差距，二元经济结构特征消失的商业化点。因此，做出刘易斯转折点到来的判断，总体上并不应该引起任何担忧。相反，由于这个转折点是否到来，并不仅仅具有单纯的概念性意义，而是对客观发展规律的自觉把握，因此，正确地预见到这个转折点的到来，并认识到新的发展阶段所面临的新机遇和新挑战，对于政府经济发展政策、企业决策和劳动者行为来说，都将具有极其重要的提示作用，以便继续保持和深入发掘经济增长可持续性的源泉。具体来说，借鉴各国经济发展的经验，在后刘易斯转折时代，关于如何发掘中国经济增长可持续性源泉的探讨，应该从近期、中期和长期三个视角进行。

首先，迄今为止所加以利用的人口红利仍然有其发掘潜力。如果我们把劳动年龄人口增长快、比重高，因而有利于劳动力供给和形成高储蓄率的人口结构优势称作第一次人口红利，而把未来伴随着老年人口比重提高可能产生新的储蓄动机和新的人力资本供给称作第二次人口红利的话，第一次人口红利尚未发掘殆尽。农村劳动力进入非农产业，实现了就业转换，是第一次人口红利的主要表现形式。2009年，外出6个月以上的农民工人数已经达到1.5亿。相应地，农民工进城成为居住6个月以上的常住人口，为城市化水平的提高做出了巨大贡献，2009年含这部分常住流动人口在内的城市化率达到46%。但是，由于这些被统计在城市人口中的常住农民工没有获得城市户籍或市民身份，因此，他们作为稳定的劳动力供给、新增消费需求、城市基础设施建设需求、社会保障制度贡献者的作用，并没有得到充分发挥。2007年，中国城市化率为45%，而具有非农业户籍的人口比重只有33%，意味着现行常住人口意义上的城市化率，与市民意义上的城市化率之间，尚存在12个百分点的差距。可见，通过推进户籍制度改革和均等公共服务，从城市化领域可以继续开发第一次人口红利的另一半(蔡昉，2010)。

其次，第二次人口红利有着巨大的开发潜力。一个逐渐老龄化的人口结构，只要具备必要的制度条件，同样可以具有人口的优势，即提供第二次人口红利(蔡昉，2009)。人口老龄化的一个重要原因，是人口预期寿命提高即人们活得更加长寿，这个因素是创造第二次人口红利的重要基础，即延长了的健康余寿可以成为人口红利的新源泉。这种类型的人口红利包括三个主要来源。第一是来自养老保障需求和制度供给。如果建立起一个具有积累功能，而不是主要依靠家庭养老功能或现收现付的养老保障制度，可以利用劳动者的养老期望和储蓄动机，以及资本市场的增值来保持高储蓄率。第二是来自教育资源的扩大。随着少年儿童人口规模缩小和比重降低，劳动年龄人口供养在学人口的能力相对提高，意味着通过扩大教育和培训大幅度提高人力资本水平的机遇。第三是来自劳动参与率的扩大。延缓退休是扩大劳动力供给、缓解养老负担的重要途径。在中国，延长退休年龄的主要障碍在于，接近退休年龄劳动者的人力资本存量比较低，在改变这种现状之前，延长退休年龄会使他们陷入脆弱境地。因此，开发这种人口红利的关键，是在继续扩大教育特别是高中阶段的普通教育和职业教育，以及加强对就业者培训的基础上，根据条件的成熟逐步延长退休年龄，以保持劳动力供给的充足性。

第三，长期来看，经济增长方式转变可以提供全新的经济增长源泉。主要以西方国家为素材发展起来的新古典增长理论，由于假设劳动力是稀缺的生产要素，因此资本会遇到报酬递减现象，从而认为，保持经济增长可持续性的出路是不断提高全要素生产率的贡献份额(Solow, 1956)。从这个基本假设出发，许多经济学家曾经质疑过东亚奇迹及其可持续性(如Young,1992; Krugman, 1994)。实际上，正是由于东亚经济曾经有着劳动力无限供给的特征，又通过恰当的经济政策开发出人口红利，在很长时期里避免了资本报酬递减的困扰。而随着一些主要经济体的发展阶段跨越刘易斯转折点①，与此同时，人口转变进入新阶段使得经济增长不再主要依靠传统意义上的人口红利，这些经济体实现了从主要依靠资本和劳动的投入到主要依靠全要素生产率的提高的经济增长方式的转变。这个经验提示我们，随着人口红利逐渐消失和刘易斯转折点的跨越，通过增长方式的转变，中国经济长期增长源泉终将要转变到依靠技术进步和生产率提高的基础上。既然我们做出了关于中国经济发展阶段的判断，这个增长方式的转变就应该由此加快步伐。

参考文献：

[1] Bai, Moo-ki. 1982. The Turning Point in the Korean Economy. Developing Economies, No.2, pp. 117-140.

[2] Cai, Fang. 2004. The Consistency of China's Statistics on Employment: Stylized Facts and Implications for Public Policies. The Chinese Economy, Vol. 37, No. 5 (September-October), pp. 74-89.

[3] Cai, Fang. 2008. Approaching a Triumphal Span: How Far Is China Towards its Lewisian Turning Point. UNU-WIDER Research Paper, No. 2008/09.

[4] Cai, Fang and Dewen Wang. 2005. China's Demographic Transition: Implications for Growth, in Garnaut and Song (eds). The China Boom and Its Discontents, Canberra: Asia Pacific Press.

① 一般认为，日本在1960年，韩国和台湾地区大致在1970年前后，分别到达刘易斯转折点(如参见 Minami, 1968; Bai, 1982)。

[5] Cai, Fang and Meiyan Wang. 2008. A Counterfactual Analysis on Unlimited Surplus Labor in Rural China. China & World Economy, Vol. 16, No.1, pp.51–65.

[6] Caldwell, John C. 1976. Toward a Restatement of Demographic Transition Theory. Population and Development Review, 2: 321–366.

[7] Fogel, Robert W. 2007. Capitalism and Democracy in 2040: Forecasts and Speculations. NBER Working Paper, No. 13184.

[8] Japan Center for Economic Research (JCER). 2007. Demographic Change and the Asian Economy. Long-term Forecast Team of Economic Research Department, Japan Center for Economic Research, Tokyo.

[9] Krugman, Paul. 1994. The Myth of Asia's Miracle. Foreign Affairs (November/December).

[10] Lau, Lawrence J. 2010. The Chinese Economy: The Next Thirty Years. presented at The Institute of Quantitative and Technical Economics, Chinese Academy of Social Sciences, Beijing, 16 January.

[11] Lewis, Arthur. 1958. Unlimited Labour: Further Notes. Manchester School of Economics and Social Studies, XXVI (Jan.), pp.1–32.

[12] Lewis, Arthur. 1972. Reflections on Unlimited Labour, in Di Marco, L. (ed.), International Economics and Development. New York: Academic Press, pp. 75–96.

[13] Minami Ryoshi and Xinxin Ma. 2009. The Turning Point of Chinese Economy: Compared with Japanese Experience. Asian Economics, Vol. 50, No.12, pp. 2–20 (in Japanese).

[14] Minami, Ryoshin. 1968. The Turning Point in the Japanese Economy. The Quarterly Journal of Economics, Vol.82, No.3, pp.380–402.

[15] Notestein, Frank W. 1945. Population –The Long View, in Theodore W. Schultz (ed.), Food for the World. Chicago: University of Chicago Press.

[16] Ranis, Gustav. 2004. Arthur Lewis' Contribution to Development Thinking and Policy. Yale University Economic Growth Center Discussion Paper, No. 891(August).

[17] Ranis, Gustav and Fei, John C. H. 1961. A Theory of Economic Development. The American Economic Review, Vol. 51, No. 4, pp. 533–

565.

[18] Ravallion, Martin and Shaohua Chen. 1999. When Economic Reform Is Faster Than Statistical Reform: Measuring and Explaining Income Inequality in Rural China. Oxford Bulletin of Economics and Statistics, Vol.61, No.1, pp.33–56.

[19] Rawski, Thomas G. 2001. What's Happening to China's GDP Statistics. China Economic Review, Vol.12, No.4, pp.298–302.

[20] Sala–i–Martin, Xavier X. 1997. I Just Ran Two Million Regressions. American Economic Review, Vol.87, No.2, Papers and Proceedings of the Hundred and Fourth Annual Meeting of the American Economic Association, pp.178–183.

[21] Solow, Robert M. 1956. A Contribution to the Theory of Economic Growth. Quarterly Journal of Economics, Vol.70, No.1, pp.65–94.

[22] Thompson, Warren S. 1929. Population. American Journal of Sociology, 34 (6): 959–975.

[23] United Nations. 2009. The World Population Prospects: The 2008 Revision. http://esa.un.org/unpp/.

[24] Williamson, Jeffrey. 1997. Growth, Distribution and Demography: Some Lessons from History. NBER Working Paper, No.6244.

[25] Young, Alwyn. 1992. A Tale of Two Cities: Factor Accumulation and Technical Change in Hong Kong and Singapore, in Olivier Blanchard and Stanley Fischer (eds). NBER Macroeconomics Annual, Cambridge, Mass: MIT Press.

[26] 蔡昉.2008.刘易斯转折点——中国经济发展新阶段,北京:社会科学文献出版社.

[27] 蔡昉.2009.未来的人口红利——中国经济增长源泉的开拓.中国人口科学,(2).

[28] 蔡昉.2010.从农民工到市民:中国特色的深度城市化.国际经济评论,(2).

[29] 都阳.2004.中国低生育率水平的形成及其对长期经济增长的影响.世界经济,(12).

[30] 胡英.2009.分城乡劳动年龄人口预测,未发表工作论文.

[31] 林毅夫.2006.发展战略、人口与人口政策,载曾毅、李玲、顾宝

昌、林毅夫主编.21 世纪中国人口与经济发展.北京:社会科学文献出版社.

[32] 刘遵义.2010. 中国可从四个方面增加内需. 中国新闻网,01-21,http://www.chinanews.com.cn/cj/cj -ylgd/news/2010/01 -18/2077952.shtml.

[33] 于学军.2002.对第五次全国人口普查数据中总量和结构的估计.人口研究,26(3).

自述之六

在争论刘易斯转折点是否到来时，那些不赞成的观点持有者,即使看到了民工荒和工资上涨现象,但是,仍然不愿意承认我的判断,因为对他们来说,最难说服自己的是何以中国的这个转折点来得如此之早。确实如此,中国人口转变速度之快是前所未有的,所以人们才总结出一个概括性的说法,即“未富先老”。所以,破除人们的思维定式,在理论上需要把人口转变纳入到刘易斯理论框架之中,即构建一个扩展的二元经济理论模型,在经验上则是需要把中国经济增长中获得的人口红利,与农业劳动力的转移过程结合起来进行考察。

刘易斯本人很可能没有注意到他那个时代已经出现的人口转变理论,但是,他仍然把人口转变处在“高出生、低死亡、高增长”阶段作为发展中国家存在一个二元经济的隐含前提。从此出发,对于刘易斯来说,剩下的就只是现代部门的扩大及其对剩余劳动力的吸收,而无需考虑人口转变的下一个阶段——转向“低出生、低死亡、低增长”阶段。而一旦我们把经济增长吸纳剩余劳动力和人口转变减少劳动力供给两个因素考虑在内,中国在经济增长和人口转变两个方面的超常表现,导致刘易斯转折点的快速到来,则是完全符合逻辑并且可以期待的。

发表于《经济研究》2010年第4期的《人口转变、人口红利与刘易斯转折点》一文,正是从理论分析和实证检验两方面所进行的这样一种智力尝试。日本著名发展经济学家南亮进以研究日本的刘易斯转折点著称,他不赞成我关于中国经济已经到达刘易斯转折点的判断,那是因为他本人所据以进行经验检验的数据存在问题,主要是官方统计中过高估计了农业劳动力数量和比重。不过,他却认为我把人口因素引入到刘易斯转折点的讨论，是对该领域研究的一种贡献。本文也于2011年获得第十四届孙冶方经济科学奖。

关于人口红利的研究及其趋势判断,也是我为中国主流经济学研究提供的一个热门话题,所引起的相关争论十分激烈,焦点集中在人口红利是否即将消失。其实,从本文的分析逻辑可以看到,这个争论与刘易斯转折点之争甚至可以看作是一回事。或许,两者在到达的时间上略有差别，所以可以一并考虑，构成所谓的刘易斯转折区间。所以，一旦人口红利消失的转折点到来，跨越刘易斯转折点就是不言而喻的定论了。

虽然我不厌其烦地从各个角度证明这两个转折点的到来，仍然有相当多的学者和政策研究者不予赞同。因此，从经济学的学以致用性质出发，我没有浪费时间，同时开辟了第二战场，转向揭示和论证两个转折点的政策含义，即它们的到来如何影响中国经济增长的可持续性、应对不当的话可能导致的政策失误及其后果，以及不可回避的政策调整和制度改革。固然，每一篇直接讨论刘易斯转折点和人口红利的文章，我都要提出相关的政策建议。但是，在另外一些研究中，我以上述转折点已经到来作为出发点，专门讨论了相关的政策和改革问题。退一步说，只要承认上述转折点在不远的将来终究要到来，这类研究的意义就是存在的。余下的几篇所选文章，就是转折点到来判断的这种逻辑延伸。

中国劳动密集型产业的区域延续
——大国雁阵模型分析*

一、引言

在解释金融危机以及由此带来的经济周期如何产生时，大多数研究都是在金融体系和信用制度内寻找原因。而且，既然危机通常是从某一个特定国家开始爆发，继而通过金融链条或者产业链条波及其他国家乃至全球经济，那么对于绝大多数国家来说，都可以宣称危机是来自外部的冲击。但是，无论是从经济史还是从本次危机的现实来看，危机所施加的影响，在不同的国家、地区、产业、企业往往都不尽相同，所以，我们应该说，即便危机是来自外部的冲击，但受危机冲击的大小总是与一个国家、地区的经济增长方式、与特定产业所处的地位，以及与企业选择的技术结构和经营方式有关。就这一点来说，我们需要跳出货币和信用结构的框架，而从实体经济和产业结构考察危机中发展机遇的理论，而熊彼特是少数不从金融角度解释危机的经济学家(熊彼特，1990，第256页注1)。

中国并没有发生金融危机，而是面对世界性金融危机时遭受的出口冲击，以及自身所显示出的结构问题，所显示出的经济下滑和就业冲击。全球金融危机对中国实体经济影响因地区、产业和企业而不同的观察，与熊彼特的判断是相吻合的(蔡昉，2009)。熊彼特认为，经济发展并不是一个平滑的过程，而是一个跳跃式、伴随上升与下降的过程。也就是说，经济周期是内生于经济发展中的。在熊彼特看来，经济发展是由企业创造新消费品、新生产方法或运输方法、新市场，以及新产业组织的形式等一系列创新活动所推动的（熊彼特，2007，第146页）。但是这样的创新，并不是按照等距离的时间间隔发生的，而是成群成批地蜂拥而至。通过创新首先形成一批与老企业并驾齐驱的新企业，后者进而以竞争的方式试图消灭老企业，并造成诸多发展条件的改变，需要特殊的并且常常表现为经济周期的适应过程，从而构成了所谓的“创造性毁灭”。在最早创新的企业获得成功的引导下，越来越多的新企业起而模仿，把整个经济推入繁荣期。由于后起的创新企业

---

* 本文原载于《经济研究》，2009(9)。

越来越不具备创新的条件，以及老企业以守旧的方式所进行的竞争，最终导致经济危机和随后的萧条(熊彼特,1990,第六章)。

与此同时,在发生经济危机的情况下,遭遇就业冲击的大小,以及经济开始复苏时就业能否相应复苏，也与一个国家或地区的增长方式、经济结构以及应对危机的经济手段相关。在危机后的恢复和增长过程中,如果应对危机的策略不当,很容易出现“无就业经济复苏”现象[①]。针对美国自1990~1991年之后,在经济衰退之后的复苏过程中,反复出现“无就业经济复苏”,迄今为止,经济学家的解释大都与经济衰退时期企业和产业做出的调整有关。由于在衰退时期,企业为了在市场上站住脚跟,必须做出努力以提高竞争力,同时,产业结构调整也比往常更加剧烈。第一,为了降低生产成本,企业往往通过使用机器人等自动化装备,使得劳动生产率提高过快,即生产同样产出对应的工人人数减少,造成对劳动力的需求大幅度下降;第二,为了保持基于比较优势的国际竞争力,相对劳动密集型的企业加快向海外转移,一方面,产业结构更加资本密集化,减少了对劳动力的需求,另一方面,产业结构的变化改变了劳动力市场对技能的要求,劳动者据此进行调整的时间增加,从而导致人力资本的供给与需求不匹配的结构性失业。

由于中国经济与全球经济高度关联,一些导致“无就业经济复苏”的因素,已经潜藏在经济复苏的进程之中。由于在发生金融危机之前的若干年中,中国外向型制造业已经遭遇到劳动力短缺和工资快速上升的情况(Cai, 2008),而中国实体经济在这次危机中遭受冲击最为严重的,也恰恰是沿海地区生产劳动密集产品的外向型企业,因此,如果从表面现象判断的话，中国劳动密集型产业很可能会按照简单化的(simplified)雁阵模型的预期,转移到显示性劳动力成本更加便宜的亚洲邻国。但是,如果我们从一个复杂的雁阵理论,即从该理论范式所包含的全面内容出发,同时结合熊彼特创造性毁灭理论,应用到中国经济的区域发展特征分析中,可以得出劳动密集型产业比较优势可以得到保持的结论。

雁阵理论经历过不同的形成和完善阶段,主要由于赤松(Akamat-

---

① 以经济衰退结束时的就业总量为基准,直到就业总量超过那时的水平为止,这个时段就是所谓“无就业经济复苏”期。

su, 1962)、大来(Okita, 1985)、弗农(Vernon, 1966)和小岛(Kojima, 2000)等人的贡献,已经形成一个比较完整的关于产业区域转移的理论解释[①]。这个模型起初用来描述日本作为一个后起经济,如何借助动态比较优势变化完成一个"进口—进口替代—出口"的完整赶超过程,以后则被广泛用来解释和理解东亚经济的发展模式,即以日本为领头雁,按照比较优势的动态变化,劳动密集型产业依次转移到亚洲四小龙、东盟国家以及随后的中国沿海省份。然而,在该范式的扩展版本中,首先,这个模型继续保存了随着不同国家和地区之间比较优势的相对变化,产业在国家和地区之间转移的本意;其次,雁阵式的产业转移是与产品生命周期相关的特征决定的(Vernon, 1966),从而隐含着与比较优势动态变化的相关性;第三,解释范围被扩大到对外直接投资模式,即该投资活动也遵循相同的逻辑在国家之间进行(Kojima, 2000);最后,国家或地区之间在发展阶段、资源禀赋以及历史遗产等方面的巨大差异,被认为是具有飞雁式的相互继起关系的关键(Okita, 1985, 21页)。

飞雁式的产业转移直接产生于比较优势的动态变化,即随着一个国家人均收入水平的提高,资源禀赋结构发生变化,从而在产业结构上形成相应的重新配置,例如从以劳动密集型产业为主转向以资本和技术密集型产业为主。但是,比较优势变化路径从而雁阵模式的显现,在大国经济与小国经济之间会产生不同的特征。从经济学意义上看,小国经济的特点在于其资源禀赋结构从而产业结构的同质性,一旦比较优势发生变化,经济整体就会进入新的发展阶段。而大国经济的特征是地区之间的异质性,在一些地区进入到新的发展阶段情况下,另外一些地区可能仍然处在原来的发展阶段。因此,小国雁阵模式往往是指独立经济体之间的产业转移和承接,而大国雁阵模式则表现为一个独立经济体内部地区之间的产业转移和承接。

在金融危机的情况下,这种产业结构的区域变化,还应该与经济周期规律的理解相结合。按照熊彼特的分析,经济周期在某种程度上就是一个创造性毁灭过程的表现,在这个过程中,通过生产要素的重

① 关于雁阵模式理论的来龙去脉以及分析运用的简要历史,请参见 Kojima(2000)的详细综述。

新组合，新的经济增长方式替代过时经济增长方式，新技术替代旧的技术，新的产业结构形成，生产率提高在增长中贡献明显。可见，产业结构变化是经济危机的不可避免的副产品，而产业的区域转移的加快则孕育在摆脱危机的出路之中。鉴于中国过去经济增长的区域特征，我们可以预期中西部地区或者广义地说那些以往不作为经济增长主要引擎的地区，可能获得新的发展机遇，以更高的生产率提高经济增长速度，实现对东部地区的赶超和劳动密集型产业的延续。

本文的以下部分将按照这样的结构进行安排，即第二部分描述和概括中国产业结构演变的区域特征；第三部分通过分地区制造业全要素生产率贡献率的计算，揭示新兴地区作为今后中国经济增长引擎的可行性；第四部分分地区计算制造业的真实劳动力成本，探讨中西部地区接续劳动密集型产业的机会；第五部分进行总结，同时回应一些关于中国经济增长潜力和国际竞争力方面的疑问，概括本文结论的政策含义。

二、中国产业结构演变的区域特征

在中国保持长达30年的高速经济增长中，具有突出的地区发展特点。在很长时间里，高速增长在相当大的程度上是沿海地区推动的。在劳动力丰富从而具有显著的劳动密集型产业比较优势的条件下，东部沿海地区利用本地发展外向型经济的便利，以及中西部地区迁移劳动力，在国际市场上取得了竞争优势。与此同时，除了沿海地区整体发展保持高速之外，中西部地区也逐渐加快了赶超的速度，从而形成整体中国经济以GDP增长率为主要表现的良好绩效。另一方面，中国经济也存在着严重的结构问题，有些与特定的发展阶段相关，有些则是体制因素所造成的。

首先，由于中国长期具有劳动力无限供给的二元经济特征，充足的劳动力固然为高速经济增长贡献了人口红利，没有出现资本报酬递减现象，从而打破了“扬-克鲁格曼诅咒”[①]。但是也形成并维系了单纯

① 扬(Young, 1992)和克鲁格曼(Krugman, 1994)曾经对东亚经济实现的高速经济增长的可持续性表示怀疑，因为他们注意到这些经济在当时过分依赖资本和劳动投入，而全要素生产率的贡献微乎其微。

依靠资本和劳动投入推动型的经济增长方式，在这种增长方式下，技术进步、产业结构升级和生产率提高对经济增长的贡献相对小(Cai, 2008)。这在经济增长的需求拉动因素上的表现，则是过分依赖出口需求和投资需求，居民消费需求对增长的拉动效果相对微弱；在国民经济分配格局上的表现，则是政府和企业所得过高，居民分配份额偏小。

其次，中国在改革期间经济发展所具有的区域差异性，造成了一种路径依赖后果。通过实施沿海率先发展的地区发展战略，形成既有的区域发展格局，在一定程度上缩小甚至扭曲了产业结构调整的空间，并且使地区产业结构的选择和形成，并不与比较优势相一致。特别是，中央和地方政府对区域经济发展的介入程度过深，不仅人为压低土地等资源价格，雄心勃勃地规划地区产业结构，常常还像企业家一样直接参与谈项目和引投资等活动。由于政府与地区经济活动关系过于密切，而且在财政上对某些成规模的产业和大型企业产生依赖性，以致政策被产业和企业的既得利益所俘获，一系列补贴、优惠、垄断地位及至其他保护和制度租金源源不断地流向产业和企业，甚至扭曲的生产要素价格迟迟不能得到矫正，企业无法正确地判断生产要素相对稀缺性的变化，以至期望的创新活动为寻租所代替，产业升级被延迟，过时的经济增长方式积重难返。

按照熊彼特的理论逻辑，经济增长方式转变应该是一个创造性毁灭的过程(熊彼特，1990，第六章)。然而，由于前述原因，中国经济增长方式的转变，缺乏足够的动力主动地进行创造性毁灭，或者说没有能力承受这种“毁灭”，使得这种转变迟迟不能主动进行。此外，由于中国地域的广阔性，处于不同发展阶段上的地区具有十分不同的资源禀赋特征，特别是由于财政分权和分享制度改革形成的地区间竞争性发展特点(Jin et al., 2005)，向更具有可持续的经济增长方式的转变——并以产业结构的调整从而技术构成的提高为具体表现形式，只能通过另一些地区的跨越式发展进行。也就是说，后起地区以蛙跳式的发展，直接进入更高一级的产业结构，以替代早期发展地区在产业攀升上的艰难跋涉。这样的产业结构升级，由于伴随着技术创新中的潮涌现象(林毅夫，2007)，容易违背或超前于比较优势的动态变化。

我们以图1来说明这个特殊的产业升级方式。从前述经济增长方式转变的角度，更具体地说，从产业结构升级的角度，可以看到中国制造业产业升级的时间性阶段，分别表现为相继形成的三个制造业发展区域[①]。珠江三角洲地区以来料加工的简单劳动密集型产业起步，该地区资源禀赋结构发生变化后却升级缓慢，以致更高级的产业结构直接形成于后起的长江三角洲地区，后者一起步就以信息技术等高科技产业或熟练劳动密集型产业为主。而在这个区域仍在发展的同时，第三轮即以装备业为主的资本密集程度更高的产业结构也起于第三类地区，例如以东北等老工业基地为代表的地区。

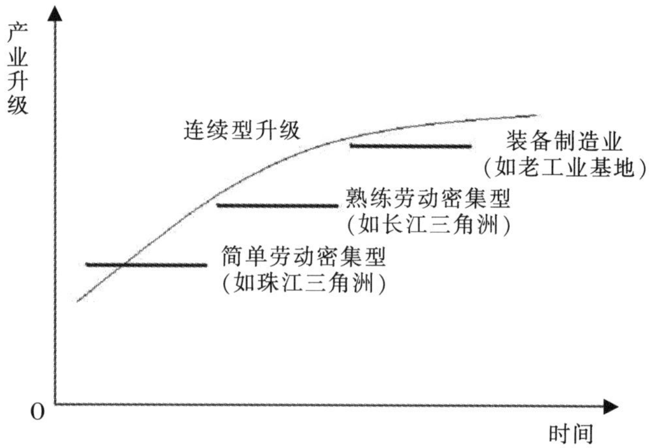

图1　跨越式的地区增长模式

这样的区域经济增长和产业结构变化特征，固然是一些体制因素特别是政府不恰当干预地方经济增长的结果，但是也说明，蛙跳式区域增长本身反映了一个变种的产业升级和增长方式转变。说它是一种产业升级和增长方式转变，是因为这种区域跨越式发展的确伴随着技术进步和生产率的提高；说它是一种变种，是因为这种转变虽然在某种程度上与比较优势动态变化相关，却并不必然准确地反映区域的资源禀赋结构特征。换句话说，由于劳动力大规模从中西部向沿海地区流动，以及产业结构升级中发生的潮涌现象，导致这里所观察到的产业结构跨越式升级特点和格局十分地扑朔迷离，显示性比较优势似乎与资源禀赋结构在一定程度上脱离。

---

① 我们这里把产业结构升级看作是经济增长方式转变的具体表现，但是，并不意味着现实中的结构升级一定是符合增长方式转变的趋势性或规律性要求的。

三、分区域全要素生产率：经验检验

全要素生产率(Total Factors Productivity或TFP)包含了配置效率和技术效率等重要内容(Lau and Yotopoulos, 1971;Barro, 1999),因而它常常被用作观察一个国家(地区或产业)增长绩效的重要指标。根据理论预期,在中国经济增长过程中,地区之间相互竞争所形成的经济追赶,使得经济相对落后的地区通过技术转移、扩散等获得的创新动力,实现更快的技术进步速度。相反,经济领先地区由于过去投资形成的产业结构,因调整成本问题约束或受创造性毁灭的打击,有可能暂时性或永久性地被锁定在某个技术水平上,地区竞争的结果导致了地区之间增长速度差异和不同的全要素生产率的贡献率。

按照索洛增长分解方法(Solow, 1957),增长来源可分解为要素禀赋积累增长和全要素生产率增长。资本和劳动是经济活动中两个重要的生产要素, 要素禀赋的积累本身构成了经济增长的一个组成部分。然而,在边际报酬递减规律作用下,要素积累并不是推动现代经济增长的主导性因素。在索洛增长方程中,扣除资本和劳动等生产要素贡献之后,有一个残余部分,这个部分通常被称作索洛残余,也就是全要素生产率部分,它被认为是推动长期增长的最重要因素。

如果把经济活动看作借助要素投入形成产出的一个生产过程,那么,我们可以利用生产函数来描述要素投入和产出之间的关系,即$Y=F(A,K,L,I)$,其中Y代表产出,A代表技术水平,K代表资本存量,L代表劳动投入,I代表中间投入。由于中间投入是工业生产中不可缺少的部分,往往也体现了资本品附着的技术进步内容,因而,也可以看成是生产要素的一个组成部分。根据全要素生产率理论,产出增长率可以分解为资本、劳动及中间投入的要素积累变化和技术进步两个部分。采用柯布—道格拉斯(CD)生产函数形式,则产出增长的源泉由以下三个部分构成:

$$g_Y=g+a\cdot g_K+\beta\cdot g_L+\gamma\cdot g_I$$

其中,g_Y为产出增长率,g_K,g_L,g_I分别为资本、劳动力和中间投入的增长率,g为技术进步带来的产出增长率。a,β,γ分别为资本、劳动和中间投入的产出弹性。在希克斯中性技术进步的条件下,g就是全要素生产率。这样，全要素生产率的计算公式如下：

$$g=g_Y-a\cdot g_K-\beta\cdot g_L-\gamma\cdot g_I$$

本文采用2000~2007年中国制造业全部国有企业和全部规模以上非国有企业数据，计算并比较各区域的全要素生产率。该数据覆盖了31个省、自治区、直辖市的工业企业数据。2000年和2001年约有15万家企业、2002年有16万家、2003年有18万家、2004年和2005年有25万家、2006年接近28万、2007年超过31万家。

为了考察地区间的全要素生产率变化，本文把中国31个省（市、自治区）划分为六个区域：即华南沿海地区(包括广东、福建、海南)，华东沿海地区（包括上海、江苏、浙江），华北沿海地区（包括北京、天津、河北、山东），东北地区（包括辽宁、吉林、黑龙江），中部地区（包括山西、安徽、江西、河南、湖北、湖南），西部地区（包括内蒙古、广西、重庆、四川、贵州、云南、西藏、陕西、甘肃、青海、宁夏、新疆）。

本文通过估计企业的生产函数得到资本、劳动和中间投入的弹性系数，然后逐年计算TFP的增长率和贡献率。在估计生产函数时，本文选择工业总产值作为产出变量，固定资产净值作为资本变量，就业人数代表劳动变量，投入的中间产品作为中间投入变量。其中工业总产值用产出价格指数进行平减得到不变价的工业总产值数据，用于年份间比较。固定资产净值等于固定资产原值减去折旧再加上当年新增的固定资产数量。本文以2000年年末的固定资产净值为起点，对每年新增固定资产净值用当年的固定资产物价指数平减，然后计算得到当年的资本存量。就业人数为企业的年末职工就业数量。中间投入则用原材料价格指数进行平减。

本文采用的产业对资本和劳动的对数回归方程如下：

$$\ln Y_{ji}=a_j+\alpha_j\ln K_{ji}+\beta_j\ln L_{ji}+\gamma_j\ln I_{ji}+\mu_t D_t+\mu_n N_n+\mu_m M_m+e_j$$

其中，$j=1,2\cdots\cdots,6$代表六类地区；i代表各类地区中单个企业；D,N,M分别代表年份虚拟变量、省份虚拟变量和行业虚拟变量；μ为虚拟变量系数；t,n,m分别代表年份、省份和行业的数量；e为扰动项。a_j，α_j，β_j，γ_j，μ_t，μ_n，μ_m为需要估计的参数。利用工业企业数据，本文分地区对上述方程进行回归，回归结果见表1。

表1　工业总产值对数的回归结果

	资本的对数		劳动的对数		中间投入的对数		截距项		观察值	拟合优度
华南沿海	0.03	(68.62)**	0.091	(125.1)**	0.867	(1429.17)**	0.764	(101.33)**	274109	0.95
华东沿海	0.023	(93.85)**	0.061	(152.2)**	0.909	(2644.23)**	0.68	(213.13)**	577948	0.97
华北沿海	0.033	(48.35)**	0.085	(80.84)**	0.847	(1161.80)**	1.013	(148.04)**	271732	0.92
东北地区	0.018	(20.17)**	0.057	(39.97)**	0.894	(804.92)**	0.861	(88.22)**	96914	0.94
中部地区	0.039	(47.39)**	0.1	(80.82)**	0.812	(904.56)**	1.132	(136.09)**	215713	0.90
西部地区	0.012	(16.28)**	0.061	(50.16)**	0.910	(1043.96)**	0.756	(71.87)**	157645	0.95

说明：(1)为了简洁起见，表中没有报告年份、行业和省份等虚拟变量的回归系数；(2)括号内为统计显著值，*代表5%的显著水平，**代表1%的显著水平。

上述回归结果表明，资本和劳动变量的统计值都达到了1%的显著水平，而且回归系数的方向符合理论预期。资本、劳动和中间投入的弹性系数在地区之间存在一定差异。其中，资本的弹性系数值在0.012~0.039之间，劳动的弹性系数值在0.057~0.1之间，中间投入的弹性在0.812~0.910之间。六类地区的资本、劳动、中间投入的弹性系数之和处在0.951~0.993之间，都接近1，表明产出方程存在着规模报酬不变。六类地区回归方程的拟合优度处在0.90~0.97之间，说明回归结果对产出有非常好的解释能力。

利用上述回归系数结果，我们可以计算六类地区的要素增长率、全要素生产率的增长率和贡献率(见表2)。从2000年到2007年，三类沿海地区的产出增长率高于东北地区和中西部地区，但沿海地区内部差别不大，年平均增长率都在22%以上。中部地区的产出增长速度接近沿海地区，东北地区和西部地区产出增长速度稍慢，分别为19.74%和21.38%。要素积累在地区之间有显著差异。资本、劳动和中间投入的增长率在沿海地区都显著高过东北地区和中西部地区。资本增长率在华东沿海地区最快，其次是华北沿海地区，再次华南沿海地区，东北地区资本增长率最慢。相比之下，劳动增长率在华南沿海地区最快，其次是华东沿海地区，再次是华北沿海地区，东北地区劳动增长率甚至为负。六类地区劳动投入增长率变化与现实中的观察非常吻合，也就是讲沿海地区通过高速增长在工业部门创造了众多的就业岗位。中间投入的增长率在华北地区最快，其次是华东地区，东北地区的中间投入增长最慢。

表2　2000~2007年全要素生产率增长率和贡献率

	产出(总产值)	资本	劳动	中间投入	TFP
平均增长率(%)					
华南沿海	22.51	14.07	12.87	18.81	4.60
华东沿海	23.84	18.17	11.59	20.17	4.38
华北沿海	24.28	14.77	5.26	20.95	5.60
东北地区	19.74	8.08	-0.05	15.82	5.46
中部地区	22.98	12.32	2.00	19.86	6.17
西部地区	21.38	10.34	1.05	18.76	4.13
平均贡献率(%)					
华南沿海	100.0	1.88	5.21	72.47	20.45
华东沿海	100.0	1.75	2.96	76.91	18.37
华北沿海	100.0	2.01	1.84	73.09	23.06
东北地区	100.0	0.74	-0.02	71.63	27.65
中部地区	100.0	2.09	0.87	70.20	26.84
西部地区	100.0	0.58	0.30	79.82	19.30

有意思的是，华南沿海和华东沿海的TFP增长率与西部地区接近，都低于华北沿海地区、东北地区和中部地区。中部地区的TFP增长率最高，为6.17%；西部地区的TFP增长率最低，为4.13%。TFP增长率最大值与最小值之间相差2个百分点。东北地区和中部地区较高的TFP增长率，表明这些地区的产业升级趋势，有其实现了更快的技术进步和转变经济增长方式的正面效应。另一方面，这也验证了前面关于中国产业结构演变的特点以及比较优势与资源禀赋结构脱离的现象。相反，在依赖出口需求拉动下，沿海地区获得了较快的产出增长，但它们的TFP增长速度相对较慢，意味着沿海地区通过创新和产业升级，从而转变经济增长方式的努力效果，是滞后于动态比较优势变化要求的。

上述结果也表明，除了中间投入的贡献以外(在六类地区大约在70%~80%之间)，全要素生产率是推动中国工业增长的重要源泉。在中国工业高速增长中，来自全要素生产率增长的贡献大约处在18%~28%之间。东北地区和中西部地区全要素生产率的贡献作用明显高于沿海地区。其中，东北地区全要素生产率的贡献作用最大，达到27.7%；其次是中部地区，达到26.8%；华东沿海地区的贡献作用最小，为18.4%。相对而言，资本投入的贡献作用在0.58%~2.1%之间，劳动投入的贡献作用在-0.02%~5.2%之间。不过，我们使用微观数据进行的这种分区域分析，在TFP中没有反映劳动力在地区间流动所产生的资源重新配置效应，以及人力资本和劳动时间强度变化的积累效应。在解析上述结果时，这些因素应该时时得到考虑。

四、中西部地区制造业的发展机遇

转变经济增长方式的内涵之一，就是把目前存在的区域增长格局转到更加符合地区资源禀赋从而比较优势的轨道上面。归根结底，由于中国广阔的地域和众多的人口，地区之间资源禀赋和发展阶段的差异，丝毫不小于国家之间的差异，因此，雁阵模式完全可以成为中国各个地区之间产业转移的路径。而应对经济危机的创造性毁灭过程，恰好提供了一个实现这一目标的机遇。不过，国家内部地区之间的关系，与国家之间的关系毕竟有许多根本性的不同，因此，应用这一理论来分析和预测国内产业转移和承接时，需要把握地区之间存在差异的一些特殊之处。

在中国地区之间仍然存在着较大的生产要素价格差异，但是，根据生产要素的流动性特点，每种要素相对价格的地区差异又不尽相同。从具体的生产要素价格比较来看，由于土地缺乏流动性，在产业大规模集中于东部沿海地区的情况下，土地价格在这些地区不可避免地日益升高，而在中西部地区则保持相对低廉。不过，劳动力要素在一个国家内部的流动性毕竟是要大大高于在国家之间的流动，虽然地区之间的工资差距仍然存在，由于农村劳动力从中西部向东部地区的大规模转移，劳动力成本差异已经显著缩小了(Cai, Du and Zhao, 2007)。

这种生产要素相对价格的地区差异性，作为影响各地招商引资和产业发展成绩的因素，形成了目前制造业产品出口规模的地区分布特征，即与经济发达程度相一致，从沿海地区向中部地区，再到西部地区的递减格局(蔡昉，2009)。值得指出的是，目前这种产业和外向型程度的分布，已经反映了改革开放中生产要素区域间流动和重组的结果。例如，在沿海地区的外向型经济活动中，就包括了来自中西部地区的转移劳动力。但是，在生产要素的流动能力和流动政策存在差异的条件下，迄今为止制造业发展或者说有竞争力的资源配置，仍然主要发生在东部地区。

更重要的是承接产业转移的地区具备逐渐改善的投资环境，以及劳动生产率的提高潜力。一直以来中国制造业产业的竞争力都是依赖低廉的劳动力成本方面的优势，而随着制造业工资的快速增长，许多人开始把注意力转向劳动力似乎更加便宜的其他发展中国家（如Alix-Partners, 2009）。工资水平的上升是否真的会使得劳动密集型的制造产业的比较优势削弱从而影响我国的竞争能力？无论是断言还是担忧中国以劳动密集型企业为生产主体的制造业，将随着劳动力成本的提高而丧失比较优势从而国际竞争力的论点，都有失观察问题方法上的不足。因为决定劳动密集型产业比较优势的因素，不仅在于劳动力成本，还在于劳动生产率。把两者结合起来则形成一个“单位劳动成本”的指标，即相对工资与相对劳动生产率之比（Ark, 2008）。该指标的值越小，意味着可以用较低的实际劳动成本生产相同的产品。

除了需要观察劳动报酬的情况以外，准确地计算劳动生产率也成为度量劳动力成本优势的重要方面。度量劳动生产率的指标通常有两个，一个是平均劳动生产率（APL），它是每单位劳动力创造出的产出（即总产出除以劳动力数量）；另一个是边际劳动生产率（MPL），它是最后一单位劳动力创造出的边际产出。两种指标都有一定的意义，但是作为劳动报酬水平的参照系，采用边际劳动生产率（MPL）更为适合，因为从理论上讲，在完全竞争的劳动力市场上，对劳动力所支付的报酬应该决定于厂商雇用的最后一个工人所增加的产量即劳动的边际产品。所以在比较劳动力成本时采用劳动力报酬水平与边际劳动生产率的对照更为准确。然而边际劳动生产率的测度相对复杂，它需要通过大样本的微观数据来得到企业的生产函数，再由估计出来的生产函数得到边际劳动生产率。所以许多研究都采用了平均劳动生产率这一指标，为了便于与其他的相关研究做出比较和对照，我们将同时计算边际劳动生产率和平均劳动生产率两个指标，作为劳动力贡献的度量。

这里我们利用2000~2007年制造业企业数据，采用对职工支付的工资、福利和保险之和作为劳动力报酬的度量，采用劳动生产率（边际、平均）作为劳动力贡献的度量比较起来看看两者的关系并据此得到单位劳动力成本优势。我们通过估计出的全国以及六类地区的制造业生产函数,用以下的公式可以得到边际劳动生产率和平均劳动生产率。

$$\text{MPL}=\frac{\partial Y}{\partial L}=\frac{\beta\times Y}{L}$$

$$\text{ADL}=\frac{Y}{L}$$

MPL为边际劳动生产率,APL为平均劳动生产率。表3显示了2000年至2007年劳动报酬和两种劳动生产率的变化情况。我们发现,进入新世纪后,中国制造业的劳动生产率有了显著提升,平均劳动生产率由2000年的16.3万元上升到2007年的45.4万元, 边际劳动生产率则由1.2万元上升到3.4万元,劳动生产率增长了接近1.8倍。由于平均劳动生产率也包含了其他生产要素(资本、中间投入等)对于产出的贡献,因此,平均劳动生产率的水平要高于边际劳动生产率的水平。同时,我们也看到,随着时间的推移,平均劳动生产率和边际劳动生产率的差异在逐渐扩大。这意味着,随着中国经济结构的转型,资本等其他要素在制造业部门发挥越来越重要的作用。

表3 2000~2007年制造业劳动报酬和劳动生产率

年份	绝对水平(千元/人)			增长率(%)			单位劳动力成本	
	劳动报酬	边际劳动生产率	平均劳动生产率	劳动报酬	边际劳动生产率	平均劳动生产率	劳动报酬/边际生产率	劳动报酬/平均生产率
2000	11.48	12.31	163.07				0.933	0.070
2001	12.25	14.44	191.35	6.71	17.30	17.34	0.848	0.064
2002	13.09	16.65	220.63	6.86	15.30	15.30	0.786	0.059
2003	14.08	19.93	264.06	7.56	19.70	19.68	0.707	0.053
2004	15.35	22.29	295.33	9.02	11.84	11.84	0.689	0.052
2005	16.96	25.09	332.44	10.49	12.56	12.57	0.676	0.051
2006	20.74	28.91	383.01	22.29	15.23	15.21	0.718	0.054
2007	22.02	34.30	454.52	6.19	18.64	18.67	0.642	0.048
2000~2007	–	–	–	91.81	178.64	178.73	–	–

说明:劳动报酬为企业支付的工资、福利和保险三项之和除以企业职工总数。

从表中可以看到，劳动报酬和劳动生产率并没有以相同的步伐变化，劳动报酬在8年间增长92%左右，远低于劳动生产率的增长。而劳动报酬虽然经历着逐年的快速增长，但几乎每一年都没有快过劳动生产率的增速。进一步，通过比较劳动力报酬和劳动生产率，我们得到单位劳动成本这个指标。制造业劳动报酬的大幅度提升是伴随着劳动生产率的更快速提高而同时发生的，我们更应该注意到的情况是，在两者都经历逐年快速增长的过程中，其比值也在经历着逐年的下降。即无论以边际劳动生产率还是以平均劳动生产率计算的单位劳动成本，在此期间都持续逐年下降。从这个角度讲，由于劳动报酬占劳动生产率比例的降低，虽然劳动报酬的绝对值快速提高了，但是作为反映劳动力成本的相对水平(劳动报酬与劳动生产率比较)在2000~2007年间非但没有提高反而下降了。

在把握全国总体的劳动力成本优势情况的基础上，我们还应该考虑到由于各地区各自的资源情况、制度环境以及发展程度等方面的差异，劳动力报酬和劳动生产率有较大差别。出于这样的前提，我们可以考虑如果将更多的企业转移到劳动力报酬相对低而劳动生产率相对高的区域，那么我们就可以实现劳动力成本优势的接续。所以在这一部分我们将企业数据按前面的地区分类，分别估算华南沿海、华东沿海、华北沿海、东北地区、中部地区和西部地区六类地区的劳动生产率表现和劳动报酬水平。从估计和计算结果上看(表4)，劳动生产率和劳动报酬在不同区域的分布确有差异，并且二者的表现也并不一致。

表4　分地区劳动报酬和边际劳动生产率

	2000	2001	2002	2003	2004	2005	2006	2007
劳动报酬(千元/人)								
华南沿海	13.20	13.32	14.69	14.89	15.71	17.46	21.27	25.69
华东沿海	13.93	14.12	15.25	16.20	16.49	18.41	20.27	22.08
华北沿海	11.14	10.99	11.89	12.77	15.19	16.65	18.16	20.01
东北地区	10.80	11.86	13.38	14.52	16.66	16.97	19.80	23.49
中部地区	8.61	11.39	10.41	11.48	13.52	14.18	15.87	18.87
西部地区	10.87	11.08	12.39	13.81	15.81	16.64	19.37	20.93

续表

	2000	2001	2002	2003	2004	2005	2006	2007
边际劳动生产率(千元/人)								
华南沿海	18.21	20.58	22.31	24.72	24.93	24.85	27.79	32.51
华东沿海	13.66	15.20	17.28	20.09	19.14	23.56	26.36	30.41
华北沿海	14.60	16.63	19.65	24.35	29.64	33.73	39.13	47.02
东北地区	8.20	10.35	12.15	15.42	18.25	21.08	24.50	29.41
中部地区	11.08	13.12	15.44	18.95	24.40	27.34	33.14	41.93
西部地区	6.72	8.26	9.71	11.57	14.64	16.89	20.63	24.59
单位劳动力成本								
华南沿海	0.72	0.65	0.66	0.60	0.63	0.70	0.77	0.79
华东沿海	1.02	0.93	0.88	0.81	0.86	0.78	0.77	0.73
华北沿海	0.76	0.66	0.61	0.52	0.51	0.49	0.46	0.43
东北地区	1.32	1.15	1.10	0.94	0.91	0.81	0.81	0.80
中部地区	0.78	0.87	0.67	0.61	0.55	0.52	0.48	0.45
西部地区	1.62	1.34	1.28	1.19	1.08	0.99	0.94	0.85

说明:劳动报酬为企业支付的工资、福利和保险三项之和除以企业职工总数;单位劳动力成本为劳动报酬与边际劳动生产率的比值。

从上述结果,我们看到各个区域在劳动报酬和劳动生产率两个方面有着不同的表现。例如,就最近几年的情况来看,华南沿海地区的劳动报酬最高,但是其劳动生产率水平并不是最高的,而且从2003年开始华南沿海地区劳动生产率的增长就慢于劳动报酬的增长,所以单位劳动力成本就开始逐年提高,到2007年达到0.79,故而华南沿海地区在劳动力成本方面已经开始丧失比较优势。相对来讲,我们看到通常所认为的落后地区,如中部地区,其生产率水平并不低,而其劳动报酬水平是最低的,因而在劳动力成本方面具有很强的比较优势。同时,我们发现,虽然目前西部地区的劳动生产率水平还偏低,但是从趋势上看,西部地区的劳动生产率的提高速度是最快的,其单位劳动力成本的下降趋势也是最快的,所以西部地区很有潜力实现其在劳动力成本上的比较优势。一方面,这恰好验证了前述产业格局的区域特征,即劳动力跨地域流动改变了东中西部地区的显示性比较优势,以及蛙跳式产业升级的现象;另一方面,这也反映了中部地区已经具备劳动力成本优势的以及西部地区所潜在的单位劳动成本优势,从而体现了中西部地区承接和发展劳动密集型产业的可能性和可持续性。

五、结论

本文阐述了一种关于中国经济产业结构变化的特殊现象——区域跨越式产业演变,并利用分地区制造业全要素生产率进行了经验证明。虽然在沿海地区之外的新兴地区已经显示出较高产业结构的端倪,但是这种变化并没有改变中西部地区将逐渐取得在劳动密集型产业上比较优势的预期。从这种经验出发,把熊彼特创造性毁灭理论与雁阵理论结合,我们可以看到中国面对危机的选择,即把雁阵理论应用在一个国家内部,打破了传统理论假说和实践格局,做出中国劳动密集型产业并不必然向邻国转移的判断。与此同时,也就回答了中国是否维系劳动密集型产业比较优势和竞争力,从而中国能否保持经济增长可持续性的疑问。

本文分析的特点在于正确地观察中国经济本身所具有的地区差异性,即在一些地区已经发生了要素禀赋结构巨大变化的同时,其他地区可能仍然具有传统的要素禀赋结构和比较优势,雁阵式产业转移完全可以发生在中国地区之间。如果把中国仅仅看作一个匀质的经济体,对于中国在东亚的崛起打断了雁阵式的传统产业国际转移链条这个事实,就颇感费解并十分关注。例如,日本经济、贸易与产业部的一份报告就疑惑地看到,通过引进外商直接投资,中国不仅在劳动密集型产业上获得了比较优势,而且在信息技术等技术密集型产业上也颇具竞争力(参见Ahearne et al., 2006)。一方面,这个现象表明目前中西部地区工业发展仍然有一定程度的政府投资驱动性质,与西部发展战略、东北等老工业基地振兴战略以及中部崛起战略的实施有关;另一方面,这个事实恰恰证明了这个国内转移模式的可行性。

对于先行发展地区来说,适应劳动力和土地成本提高的动态比较优势变化,实现产业结构向更加技术密集型升级,符合增长方式转变的要求。而对于中西部地区来说,承接部分劳动密集型产业的转移,也是产业结构的升级,同样可以符合增长方式转变的要求。通过这样的调整，东部地区吸纳劳动力的规模将相对稳定下来，与此同时，新增农村转移劳动力将越来越多地留在中西部地区，使这些地区的产业结构回归其劳动力仍然丰富所决定的比较优势。

参考文献：

[1] Ahearne, Alan G., John G. Fernald, Prakash Loungani, John W. Schindler. 2006. Flying Geese or Sitting Ducks: China's Impact on the Trading Fortunes of other Asian Economies. International Finance Discussion Papers, Number 887 (December), Board of Governors of the Federal Reserve System.

[2] Akamatsu, K. 1962. Historical Pattern of Economic Growth in Developing Countries. The Developing Economies, 13–25.

[3] AlixPartners. 2009. AlixPartners Introduces New Outsourcing Tool That Determines "Best–Cost Countries". http://www.marketwire.com/press–release/Alixpartners–991044.html.

[4] Barro, Robert. 1999. Note on growth accounting. Journal of Economic Growth, Vol. 4, No. 2: 119–137.

[5] Bart Van Ark. 2008. Performance 2008 –Productivity, Employment, and Growth in the World's Economies. http://www.conference–board.org/.

[6] Cai, Fang. 2008. Approaching a Triumphal Span: How Far Is China Towards its Lewisian Turning Point? UNU–WIDER Research Paper, No. 2008/09.

[7] Cai, Fang, Yang Du and Changbao Zhao. 2007. Regional Labour Market Integration since China's World Trade Organization Entry: Evidence from Household–level Data, in Garnaut, Ross and Ligang Song (eds), China– Linking Markets for Growth. Canberra: Asia Pacific Press, pp. 133–150.

[8] Jin, Hehui, Yingyi Qian and Barry R. Weingast. 2005. Regional Decentralization and Fiscal Incentives: Federalism, Chinese Style. Journal of Public Economics, 89, pp.1719–1742.

[9] Kojima, Kiyoshi. 2000. The "Flying Geese" Model of Asian E-

conomic Development: Origin, Theoretical Extensions, and Regional Policy Implications. Journal of Asian Economics, Vol. 11, pp.375–401.

[10] Krugman, Paul. 1994. The Myth of Asia's Miracle. Foreign Affairs (November/December).

[11] Lau, L. J. and P.A. Yotopoulos. 1971. A test for relative efficiency and an application to Indian agriculture. American Economic Review, 61: 94–109.

[12] Okita, Sabro. 1985. Special Presentation: Prospect of Pacific Economies, in Korea Development Institute (ed.). Pacific Cooperation: Issues and Opportunities (pp.18–29). Report of the Fourth Pacific Economic Cooperation Conference, Seoul, Korea, April 29 –May 1.

[13] Solow, R.M. 1957. Technical change and the aggregate production function. Review of Economics and Statistics, 39:320–321.

[14] Vernon, R. 1966. International investment and international trade in the product cycle. Quarterly Journal of Economics, 190–207.

[15] Young, Alwyn. 1992. A Tale of Two Cities: Factor Accumulation and Technical Change in Hong Kong and Singapore, in Olivier Blanchard and Stanley Fischer (eds). NBER Macroeconomics Annual, Cambridge, Mass: MIT Press.

[16] 蔡昉.2009.金融危机对制造业的影响——中西部地区赶超的机遇.经济学动态,(2).

[17] 国家统计局.2007.国际统计年鉴 2007,北京:中国统计出版社.

[18] 林毅夫.2007.潮涌现象与发展中国家宏观经济理论的重新构建.经济研究,(1):126–131.

[19] 约瑟夫·熊彼特.1990.经济发展理论——对于利润、资本、信贷、利息和经济周期的考察,北京:商务印书馆.

[20] 约瑟夫·熊彼特.2007.资本主义、社会主义与民主,北京:商务印书馆.

自述之七

不管人们是否赞成刘易斯转折点到来的结论,普通劳动力的短缺和工资上涨,自2004年以来已经成为全国范围的现象,从未逆转或者停止。“春江水暖鸭先知”,企业家、投资者乃至投资经济学家都看到了这一点,并且为此十分担忧。一个典型的关注点就是,随着劳动力成本低廉的特征丧失,必然意味着劳动密集型产业比较优势的相应式微。特别是,劳动密集型制造业已经出现了向发展中邻国转移的趋势,人们开始担心,这会不会迅速改变中国作为制造业大国的地位。

在发展经济学理论中,有一个不太主流但也相当著名的“雁阵模型”,按照其理论预测,随着先行国家或地区工资水平的提高,劳动密集型制造业的比较优势开始弱化,相关产业便逐渐转移到发达程度和工资水平低一些的国家或地区。东亚地区产业分工的既往经验,似乎也验证了这个理论。按照同样的逻辑,人们自然会预期中国制造业会以很快的速度收缩。

但是,如果看到中国作为一个具有异质性的庞大经济体,经济发展水平和人口转变阶段在地区之间存在着巨大的差异,劳动密集型产业的转移首先并且在相当长的时间里会主要发生在东部与中部和西部地区之间,而不是中国与其他发展中国家之间。在发表于《经济研究》2009年第9期的《中国劳动密集型产业的区域延续——大国雁阵模型分析》这篇文章中,我和王德文、曲玥对此判断作了实证检验。结论是,雁阵模型可以继续成立,但是已经变成中国的国内版本,也可以说,作为大国经济,中国不是孤独的领头雁,而是见首不见尾的巨龙。

不过,仅仅停留在关于“国内版雁阵模型”的结论,并不具有足够充分的政策含义。更重要的是要回答,我们需要进行哪些政策调整,创造什么样的制度环境,才能伴随着劳动力成本在东部地区的提高,把相关产业转移到中西部地区,延续制造业的比较优势。如果依靠政府主导、投资驱动型的区域发展模式,产生的结果只是中西部地区违背自身比较优势的赶超发展,与雁阵模型本意并不相干,甚至干扰国内地区之间产业转移的健康进行。所以,我们的实证研究也指向了已经发现的政策扭曲现象,在此基础上,我们的政策建议是,通过体制改革和政策调整,把产业转移构造成一个发挥区域比较优势的过程。

像以往的学术观点一样,这个讨论也有正面和反面的回应。极端的没有见诸文章的批评是,雁阵理论是军国主义理论,谈这个问题无异于数典忘祖。的确,日本军国主义当局曾经借助于该理论,为其对亚洲国家的侵略提供理论支持。不过,没有证据表明,这个理论的发明者赤松本人写过任何把雁阵理论与侵略合法性相联系的宣传文章。事实上,在他后来撰写的自传中,不无庆幸地回忆自己被派往国外,从而逃避了直接参与军方滥用自己学术成果的阴谋。

实际上,雁阵理论主要是在20世纪80年代中期,由日本经济学家大来佐武郎加以宣传,才得到广泛传播的。大来教授的本意是指出亚太经济合作有别于两种传统国际分工模式,既不同于工业化国家与原料输出国家之间的垂直模式,也不同于像欧共体内部那样,在发展水平相近的国家之间形成的水平模式,而是按照比较优势的变化,各个经济体相继获得发展不同类别产业的机会,最终在整体上形成一个雁阵型的区域增长模式。把借助这一概念讨论国内地区之间的产业转移无限上纲为数典忘祖,实在是词不达意。

任何国家的经济发展,无疑总会或多或少遵循一些在其他国家同样发挥作用的共同规律,同时也必然更多呈现自身的特点。在刘易斯转折点到达乃至人口红利消失之后,正像新加坡靠特有的外籍劳工政策,延续了人口红利一样,中国的地区间产业转移应该产生类似的效果。任何严肃的经济学家都愿意看到有人揭示经济发展的这种共性和个性。2009年8月在北京举办的中美经济学家对话会上,来自斯坦福大学的罗纳德·麦金农教授对我说,那天早晨他接到美国国内的电话,他的同事问他参加对话会学到了什么,他回答道:我学到了中国版的雁阵模型。而且,乐于观察和善于探索的学者,往往也不约而同地得出相同的结论。例如,在日本工作的经济学家关志雄也看到了特有的区域特征,可能使中国的产业转移走一条国内道路。

"中等收入陷阱"的理论、经验与针对性*

一、引言

鉴于把东亚视为世界上最富活力的地区这样一个判断，世界银行每隔4年对东亚经济进行一次主题研究，概括其独特的发展经验与教训，揭示既定时期的问题与挑战。2007年主题报告《东亚复兴：关于经济增长的观点》，具有针对性地首次提出关于"中等收入陷阱"的警示(印德尔米特·吉尔、霍米·卡拉斯等，2008)。该报告引用的文献表明："比起较富或较穷的国家来，中等收入国家的增长会相对较慢"(第5页)。

从那以后，中等收入陷阱这个概念广为经济学界所讨论，被运用来类比拉丁美洲以及若干亚洲经济体的困境，并且常常作为对中国经济前景判断的一个参照点（王庆等，2009；Eichengreen et al., 2011；霍米·卡拉斯，2011）。而这个概念对于中国的针对性，因中国财政部、国务院发展研究中心和世界银行合作开展的一项旨在寻求中国跨越中等收入陷阱之路的研究，而更加引人注目。

与此同时，也有许多不赞成使用中等收入陷阱这个概念的观点。虽然尚未发现系统论述的文献，但是，仍然可以对这类观点进行归纳，即大致有以下几个论点。其一是认为"陷阱"这个用语不恰当，因为这个词容易使人联想到人为下套，一个经济体怎么会被人为地设下陷阱呢？其二是认为并无现成的经济理论，可以像贫困陷阱或贫困恶性循环理论那样，符合逻辑地刻画中等收入陷阱的相关现象。其三是认为中等收入陷阱缺乏经验依据。有人指出，在新世纪的过去十余年中，并不存在中等收入国家增长绩效明显逊于高收入国家和低收入国家的情况。其四是质疑这个概念对中国的针对性：是否中等收入陷阱最恰当地描述了中国面临的挑战，是否有助于找到解决问题的出路？

一个概念或者命题，只要可以用一定的理论框架加以分析，有统计意义上显著的经验证据，并且具有特定的针对性，就值得提出来，以

* 本文原载于《经济学动态》，2011(12)。

便推动更加深入的研究和讨论。出于这个理由,本文对中等收入陷阱概念持肯定的态度,并主张把研究真正推向深入。本文拟从回顾经济学特别是经济增长理论文献入手,首先论证中等收入陷阱完全可以被纳入已有的经济增长分析框架中,或者具备形成特有的理论框架的条件。同时,介绍一些关于中等收入陷阱的经验研究和统计证据,尝试概括相关的特征化事实。最后,结合中国经济发展阶段的特点,讨论中等收入陷阱概念对于中国保持经济增长可持续性的借鉴意义。

二、中等收入陷阱的理论依据

其实,陷阱一词在经济学传统中,一向被广泛用来表示一种超稳定均衡的经济状态,即超乎比较静态,一般的短期外力不足以改变的均衡。换句话说,在一个促进人均收入提高的因素发挥作用之后,由于这个因素具有某种程度的不可持续性,其他制约因素又会将其作用抵消,把人均收入拉回到原来的水平上面。例如,马尔萨斯关于人口增长与经济发展关系的悲观观点,就被概念化为“马尔萨斯陷阱”或“马尔萨斯均衡”。这种范式与多玛-哈罗德式的增长模型相结合,则是由纳尔森所描述,并将其概念化为一种发展理论的欠发达国家所特有的“低水平均衡陷阱”现象(如参见速水佑次郎等,2009,5.2)。此外,不仅绝对贫困状态是一种均衡陷阱,经济史学家还针对李约瑟之谜,提出了尝试解释中国历史发展的“高水平均衡陷阱”假说。可见,均衡陷阱在发展经济学中的使用是历史悠久的,也是有特定的逻辑含义的。

不仅如此,这个概念也有助于从理论引申出政策含义。基于低水平均衡陷阱的假设,发展经济学形成了诸如“临界最小努力”“大推动”等解释性理论及其相应的政策主张。又如,舒尔茨(1999)把发展中国家普遍存在的传统农业也看作是一种均衡状态,并得出引入新的生产要素以打破均衡,改造传统农业的政策建议。

不过,上述与均衡状态分析相关的发展经济学理论,在很长的一段时期内,并没有融合在主流的增长理论之中。事实上,主流经济学家长期以来,都是把经济增长新古典式分析与建立在上述假说基础上的传统发展事实相割裂。然而,Hansen和Prescott(2002)尝试把马尔萨斯式的均衡状态与索洛式的新古典状态融为一体,用一个统一的理论框架进行分析。他们也观察到存在着一个从“马尔萨斯”到“索洛”的过渡阶段。按照逻辑,我们完全可以把这个过渡阶段定义为一个富有特征的经济发展时期。事实上,刘易斯的二元经济发展,就是马尔萨斯贫困陷阱到索洛新古典增长之间的一个阶段,并且在发展中国家广泛存在。在这个阶段上,经济增长摆脱了“收入提高导致人口增长,继而又把收入水平拉回到生存水平”的贫困恶性循环,进入到随着现代经济增长部门不断吸纳农业中的剩余劳动力,经济发展逐渐迎来刘易斯转折点,蝉蜕掉劳动力无限供给的性质,进而具有新古典增长特征的阶段。

更加具有特征性和易识别性的发展阶段划分,是青木昌彦(2011)把东亚式的经济发展划分为马尔萨斯式的贫困陷阱阶段(M阶段)、政府主导经济发展阶段(G阶段)、库兹涅茨式的通过结构变迁实现发展的阶段(K阶段)、依靠人力资本发展的阶段(H阶段)和后人口红利阶段(PD阶段)。他也承认,库兹涅茨发展阶段也完全可以称为刘易斯发展阶段,或者干脆称其为“库兹涅茨-刘易斯阶段”。

上述经济发展阶段的划分,其含义在于揭示出一个事实,即每一个阶段向下一个相继阶段的转变,都意味着一个跨越。换句话说,摆脱贫困陷阱固然是一个重要的跨越,从中等收入到高收入的过渡,或K阶段向H阶段进而PD阶段的过渡,同样是重要的跨越。如果后一跨越有着巨大的难度,导致一些经济体滞留其间,长期不得突破,且这种现象普遍到统计上也具有显著性,并且其中蕴含了足够重要的理论和政策意义,从逻辑上说,中等收入陷阱的概念完全可以成立。

人们业已观察到的一些特征化事实,已经帮助经济学家形成了一定的理论雏形,用以将中等收入陷阱概念化。Eeckhout and Jovanovic (2007)比较全球化前后各国经济增长表现时发现,在全球化时期,按照人均收入水平排列的各国长期增长率,呈现U字形状。这项研究的解释是,富裕国家劳动者具有更高技术和技能,在全球化调整中管理性岗位增加更快,而贫穷国家虽然不具备这种技能优势,却能增加非熟练就业岗位,处于中间的国家则两类劳动力优势都不甚明显。Garrett (2004)则更加明确地解释道:当富裕国家因技术进步加快而变得越来越富有,最穷的国家在制造业领域甚至增长更快的同时,处于中间的国家则踯躅不前。

这实际上就暗示了一个关于“中等收入陷阱”的一般性理论解释,

即处于经济发展较高阶段的国家，因其处于科技创新前沿而在资本和技术密集型产业上具有比较优势，从而在全球化中显著获益；而处于经济发展较低阶段的国家，因其劳动力丰富且成本低廉，因而在劳动密集型产业上具有比较优势，同样是全球化的获益者。处在中等收入阶段的国家，因其两类比较优势皆不突出，因而从全球化中获益相对少。虽然不尽准确，但是，我们将其概括为“比较优势真空论”，或许有助于理解中等收入国家面对的这种尴尬处境。

此外，根据经济增长条件趋同假说（Barro and Sala-i-Martin, 1995），经济增长表现有赖于诸多条件或因素，如投资率、人力资本积累、政府职能、基础设施状况、体制和政策环境等。即在人均收入水平较低的初始阶段上，这些增长条件的改善，推动了经济增长的趋同。然而，这些增长因素的积累或改善同样具有边际效应递减的性质，在“低垂的果子”已经被摘完的情况下，推动经济增长的外生动力便不足够强大了，除非完成了向以全要素生产率为主要驱动力的内生性经济增长模式的转变。而这种假设通常意味着一个经济体已经进入到高收入国家的行列。所以，正如世界银行报告所指出的，在从中等收入向高收入过渡的阶段上，必须采取与以往截然不同的发展思路和政策（印德尔米特·吉尔，霍米·卡拉斯等，2008）。

三、中等收入陷阱的经验证据

依据世界银行近年来的分组标准，按照类似于市场汇率的“地图法”计算，人均国民总收入在975美元以下的经济体被列入低收入组，人均国民总收入在976美元~3855美元之间的为中等偏下收入组，在3856美元~11905美元之间的为中等偏上收入组，超过11906美元则被列入高收入组国家的行列。当然，这个划分标准是动态的。按照类似这样的动态标准观察，如果一个国家在进入中等收入国家行列之后，经过足够的长时期增长，却未能毕业而进入高收入国家的行列，便是落入中等收入陷阱。

如果撇开那些完全依靠石油出口的富裕国家的话，实际上，按照这个标准，在欧美发达国家之外，迄今为止我们看到的跨越中等收入行列的经济体，显而易见的似乎只有日本、韩国、新加坡和中国的台湾、香港和澳门地区。而那些曾经与欧洲国家处于同等发展水平的拉丁美洲国家，以及较早就跻身中等收入行列的亚洲国家，却一直未能成为高收入国家的一员。即使有些拉美国家，人均收入一度越过了中等收入到高收入组的交界线，却终究回归到中等收入水平上。

由于技术进步、制度创新和资源动员能力的不断增强，世界范围的产出增长边界也在不断扩大，因此，使用相对的而不是绝对人均收入水平来进行分组，特别是观察作为一种徘徊现象的中等收入陷阱，似乎更加有说服力。Athukorala和Woo(2011)采用经济史学家麦迪森的购买力平价法，估算各国人均GDP并构造了作为美国水平百分比的赶超指数(Catch-Up Index或简写为 CUI)。用这种方法，作者在一定程度上印证了中等收入陷阱的存在。

具体来说，他们把CUI大于55%的国家定义为高收入国家，CUI在20%~55%之间的为中等收入国家，CUI小于20%的为低收入国家。在进行比较的132个国家中，定义为中等收入国家的，1960年有32个，2008年有24个。观察这个组别的变化特点发现，中等收入国家有大约一半的可能性滞留在中等收入陷阱；而在发生了组际流动的情况下，向下流动的可能性大于向上的流动；虽然也发生了其他组别进入中等收入行列的情形，但是，从低收入组晋升的数量是从高收入组降级数量的2倍。

一些研究从动态的角度揭示中等收入陷阱的形成，如归纳各国数据发现，在中等收入阶段上，一个国家的经济增长不会一成不变地持续下去。因此，关于经济增长通常在哪个阶段上减速的研究，也可以印证中等收入陷阱现象的存在。

类似的一项研究来自于摩根士丹利亚洲有限公司的经济学家(王庆等，2009)。他们通过观察世界经济史发现，在历史规律和万有引力的作用下，一个经济体经历过高速增长后终将要减速。而这个减速的拐点，是按照购买力平价计算人均GDP达到7000美元时。这些作者从经济史学家麦迪森的研究中发现，过去100年间有40个经济体达到7000美元这个人均GDP拐点，其中31个经济体在拐点之后平均减速2.8个百分点。

另外一项研究在数据分析上进行得更加深入一些，由艾辰格林等几位学者所完成 (Eichengreen et al., 2011)。这项研究所要回答的问题，同样是高速增长的经济在何时，即怎样的人均收入水平上减速。他们从国际比较中发现，按照购买力平价和2005年美元汇率计算，人均GDP达到17000美元时，高速增长的经济通常遭遇明显的减速，一般来说经济增长速度降低的幅度为2个百分点的年均GDP增长率。

也有研究尝试表明，中等收入陷阱是一个不存在的概念。投行经济学家Anderson(2011)选择了10个人均收入在8000美元~10000美元之间"中等收入国家" 和10个人均收入在1000美元~3000美元之间的"低收入国家"，比较两者的长期经济表现。他的发现可以概括为：第一，"中等收入国家" 虽然在1990~2000年期间的确遭遇了增长徘徊或停滞，但是，在21世纪前10年中则表现良好；第二，"低收入国家"并没有表现出超乎其中等收入对手的经济增长；第三，两组国家的平均增长率几乎一样。由此，该作者得出的结论则是，根本不存在所谓的中等收入陷阱。其实，正如下面所要说明的，这个数据展示并不足以得出这样的结论。

首先，作者选取的两组国家，与我们常识中对于收入分组的理解不尽相同。例如，在他的"中等收入国家"中，既包括了原计划经济国家，也包括依靠石油资源的拉丁美洲和中东国家，囊括了所有收入水平较高的金砖国家。总体而言，这些国家是中等收入国家中处于最高排位的国家。而他的"低收入国家"几乎全部是我们所关心的已经陷入或者存在陷入中等收入陷阱危险的国家。

其次，中等收入陷阱是一个历史概念，并不必然与今天的经济表现直接挂钩。21世纪之前，那些撞墙的中等收入国家，不啻就是经历了中等收入陷阱。即使其中一些国家在过去10年中表现优异，也并不意味着这些国家实现了跨越中等收入陷阱所必需的增长模式的转变。我们还很难说，那些得益于中国经济增长的强大需求，而过度依赖资源出口和初级产业发展的中等偏上收入国家，可以有足够的增长可持续性，以致长驱直入而成为高收入国家。不要忘了，历史上有过不少这样的例子，一个国家曾经短暂地跻身高收入国家的行列，但是，中等收入陷阱这个超稳定均衡的力量，终究将其拉将回来①。

---

① 虽然采用现价并不是十分准确，但是，可以通过类似的方法，以阿根廷为例来观察这种均衡力量的作用。根据世界银行数据库，这个国家在 1997 年人均 GNI 一度达到 8140 美元，但是，随后多年都低于这个水平，其中 2004 年的人均收入只相当于 1997 年的 44%。从那之后阿根廷才重新加速增长，于 2010 年回归到历史最高的人均收入水平。

第三,中等收入陷阱范式并不假定绝对趋同,因而,中等偏下收入国家经济增长表现没有明显超出其中等偏上收入国家对手,也并无不合逻辑之处,反而是中等收入陷阱的表现之一。我们使用这个中等收入陷阱的概念,无非且恰恰是说,正如摆脱贫困需要打破低水平均衡陷阱一样,进入富裕国家行列也面临着一个打破中等收入均衡陷阱的严峻任务。

四、对中国经济增长的含义

2010年,中国经济总量跃居世界第2位的同时,人均GDP达到4382美元,刚刚进入世界银行定义的中等偏上收入国家的行列。按照许多作者采用的麦迪森标准,即按照购买力平价计算,中国已经超过了7000美元这个减速点。如果保持9%的GDP年均增长率,2015年的中国就符合了更高口径的减速点即17000美元的条件。由于存在诸多经济增长中的隐患和不可持续因素,Eichengreen et al.(2011)警告届时中国将有70%的可能性遵循这个减速规律。虽然正如有些投资经济学家的评论,这个70%的减速2个百分点的概率——即1.4个百分点,对于一个长期保持9%~10%的增长率的经济来说,似乎并不那么令人担忧。

人口老龄化也被看作是导致经济增长速度减慢的一个重要原因。人口老龄化意味着劳动年龄人口总量增长速度减慢及至绝对数量的减少,劳动年龄人口占总人口比重也不再提高,继而下降。相应地,经济增长开始丧失劳动力供给充足和高储蓄率的人口红利。1990年,日本的老龄化水平即65岁及以上人口占总人口的比重达到11.9%,不久之后人口抚养比,即依赖型人口与劳动年龄人口的比率就迅速提高了。大约就在人口结构发生这样变化的同时,日本经济增长速度也出现急剧的逆转,从减速开始直到停滞(图1)。2010年中国65岁及以上人口占总人口比重为8.9%,也已经十分接近于日本于1990年经济增长减速的老龄化水平了。在大约与"十二五"时期重合的几年内,中国就将像日本一样,经历迅速的人口抚养比提高。

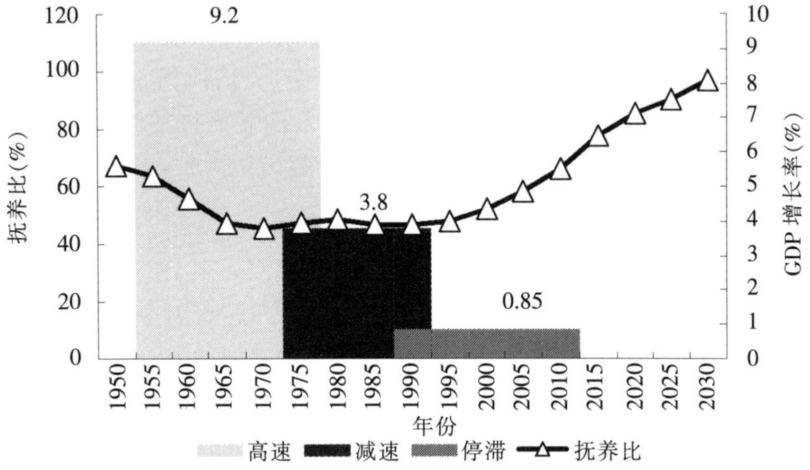

图1　日本人口红利消失与增长减速

资料来源：人口数据来自联合国，GDP增长率来自世界银行和Takeo Hoshi and Anil Kashyap, Why Did Japan Stop Growing? report prepared for the National Institute for Research Advancement (NIRA). http://www.nira.or.jp/pdf/1002english_report.pdf, 2011.

经济史显示的经验终究是一种概率现象，对未来的预测毕竟不是现实。前述关于中国经济增长前景的预测，既没有断言中国经济必然发生最悲观的情景，也不意味着在其存在乐观情景的条件下，我们尽可以放宽心了。实际上，以“平均数”为外衣的国际经验，往往掩盖了许多特殊的情景与原因。为了及时进入未雨绸缪的状态，以便避免最坏的结果，需要以史为鉴，探寻如何避免不正常减速的途径。还以日本为例的话，我们不是要看它是否后来的速度不如从前了，而是要探寻为什么在不可避免的减速之后，未能实现像欧洲和美国那样的增长速度。

从经济增长模式角度来看，中国也恰好被嵌入特定的经济发展阶段之中。如果我们借用Hansen和Prescott(2002)的分析框架，并在马尔萨斯增长阶段和索洛增长阶段之间加入刘易斯式的二元经济发展阶段，我们可以看到，随着农业剩余劳动力的减少、劳动力短缺现象的普遍化和普通劳动者工资的持续上涨，中国经济已经超越刘易斯转折点，开始向索洛式的新古典增长模式转变。

由于民工荒恰恰就是从2004年广为人们所知，并且一直延续至今，同时，以农民工为代表的普通劳动者工资，自2004年开始，一反此前十数年徘徊不前的局面，持续上涨至今，因此，如果一定要指出一个年份作为刘易斯转折点的话，我愿意把2004年作为这个标志性的时间点。紧接着，我们将迎来又一个重要的转折点即人口红利的消失。根据预测，中国的人口抚养比在2013年前后停止下降，并随后迅速提高。这意味着，支撑二元经济发展阶段中国高速增长的劳动力供给和储蓄率都将发生重大的转折。在这种情况下，中等收入国家面临的增长可持续性难题便悄然而至。

一方面，劳动力成本的提高将逐渐弱化中国在劳动密集型制造业上的比较优势和国际竞争力。一项企业调查显示，劳动力成本提高20%，对那些竞争性行业的企业来说，因行业的劳动力成本占比不同，而分别降低企业利润水平20%~65%不等(李慧勇、孟祥娟，2010年)。这必然导致劳动密集型产业从沿海地区的外迁。一个方向是劳动力成本尚低的发展中邻国，如印度、越南等国家。另一个方向是中国的中西部地区。全国制造业企业数据显示，东部地区在全部劳动密集型制造业产值中的比重，已经从2004年的88.9%下降为2008年的84.7%，平均每年下降超过1个百分点。

另一方面，要在技术和资本密集型产业中获得全面的比较优势和国际竞争力，中国尚有较长的路要走。例如，根据中国现代化战略研究课题组和中国科学院中国现代化研究中心(2010，第420页)的数据，R&D投入占GDP比率，中国只相当于发达国家的56%和世界平均水平的61%；每万人拥有R&D人员数，只相当于发达国家的23%和世界平均水平的77%；每百万人拥有的专利数，只相当于发达国家的15%和世界平均水平的76%。而从教育水平上看，30岁人口的平均受教育年限，中国只相当于美国的65%和日本的67%。

逐渐失去在劳动密集型产业中的比较优势，而尚未获得在技术和资本密集型产业中的比较优势，意味着中国面临着“比较优势真空”的挑战。此外，中国靠改革开放融入经济全球化，获得了高速增长的良好机遇，而进一步的改革和开放将会面对更大的难度。这些都是中等收入国家所面临的典型挑战。所以，中等收入陷阱这个概念的提出，以及对这一现象的深入研究，吸取相关的经验和教训，对于中国具有重要的启示意义。

五、结语

由于中等收入陷阱这个概念是可以在经济学分析框架内加以解释的，有丰富且显著的经济发展经验予以验证，而且对于中国经济增长的可持续性具有很强的针对性，因此，其形成并引起学术界和政策制定者的关注是有意义的。图2展示了完成向高收入经济体过渡的完整过程，从中我们可以看到打破贫困均衡陷阱、中等收入陷阱，继而进入高水平经济增长稳态所需完成的转型任务。由此，我们还可以观察中等收入陷阱在整个关于经济发展的理论解释中所处的地位，以及相应的政策含义。

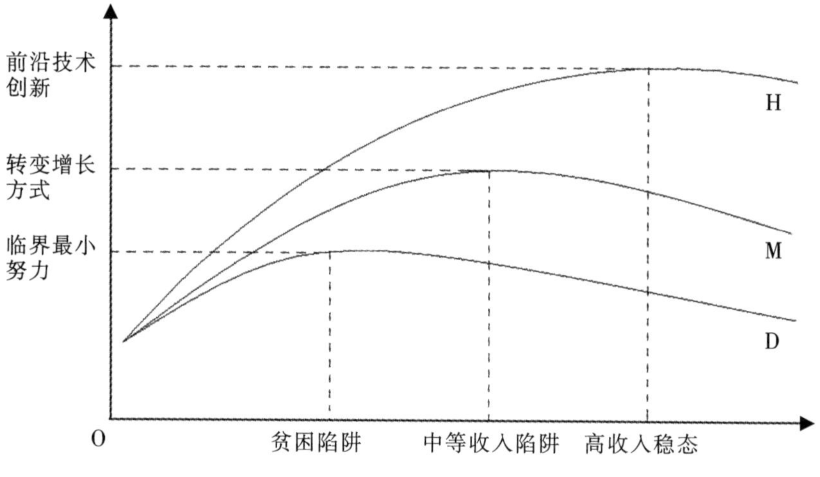

图2 经济增长的转折点与突破战略

在完整的经济发展过程中，一个经济体最初面对的是作为恶性循环的贫困陷阱，人均产出的增长会立即被人口的增加所抵消，人均收入水平被人口的增长摊薄，生活水平充其量维持在生存状态，难以形成足够的储蓄，即使有某种传统意义上的技术进步，也不能完成打破均衡陷阱的"临界最小努力"。直到发生革命性的技术和制度突破，如工业革命成果的应用和市场规模扩大使这种新技术变得有利可图(Hansen and Prescott, 2002)，这种均衡状态才被打破。

对于大多数相对于欧美而言的后起国家，随后的经济增长便是在二元经济发展框架下进行，这时，劳动力无限供给特征不仅本身就是有益的生产要素积累，人口红利还有助于提高储蓄率，加快资本形成。而主要表现为劳动力产业转移和城乡迁移的经济结构调整，也产生了资源重新配置效应，提高了全要素生产率。因此，在全球化过程中，二元经济发展具备实现高速经济增长的条件。而这一过程终结于刘易斯转折点的到来和人口红利的消失，经济增长面临着中等收入陷阱的危险。

突破刘易斯转折点和人口红利消失带来的增长瓶颈，避免中等收入陷阱，一个不可或缺的条件，是把经济增长的驱动基础，从依靠生产要素投入和农业向非农产业转变这种资源重新配置效应，转向依靠全要素生产率从而劳动生产率的提高。一旦实现了这个转变，长期的经济增长就会建立在创新的基础上，从而具有可持续性。从这个意义上，包括本文所引述过的许多理论模型和政策建议，各自都对中国如何应对中等收入陷阱的挑战，具有重要的借鉴意义。

首先，保持全要素生产率增长的紧迫性。Hansen和Prescott倡导的索洛式新古典增长模式，强调了依靠全要素生产率提高，是保持经济增长可持续性的不二源泉。帕伦特和普雷斯科特(2010)证明，国家之间收入水平的差异，归根结底可以归结为因对采用新技术的或促进或阻碍的制度因素不同，而导致的各国全要素生产率的差异。前引Eichengreen等的研究也发现，典型而言，全要素生产率的停滞，可以解释85%的减速原因。而日本经济停滞的原因，也恰恰是全要素生产率的表现不佳(Hayashi and Prescott,2002)。

其次，通过教育和培训加快人力资本积累的意义。青木昌彦(Aoki,2011)认为，中国已经越过了库兹涅茨–刘易斯阶段，正在向以人力资本积累为中心的H阶段过渡，而日本和韩国之所以成功跨越中等收入阶段，成为高收入发达国家，也正是因为在这个阶段性转变上取得了成功。此外，人力资本也是全要素生产率提高的源泉。如高路易(Kuijs,2010)的研究表明，1978~2009年期间，全要素生产率的年增长率约为3%~3.5%，其中约0.5个百分点来自于人力资本改善。而从不同角度进行的研究(Whalley and Zhao,2010)则表明，人力资本的作用，起到了抵消全要素生产率表现不佳的效果。

最后，深化体制改革和转变政府职能的任务更加艰巨。霍米·卡拉斯(2011)列举了从中等收入向高收入过渡所不可回避的制度变迁，如发展资本市场、加快创新和发展高等教育、改善城市管理、建设宜居的城市和形成集聚效应、有效的法治、分权和反腐败。而且,他还指出,所有这些领域的效果,至少10年才能显现出来。日本在1990年之后经济停滞的教训也表明,政府职能的错位,特别是体现在没有建立起创造性毁灭的机制,以便由竞争选择出最有效率的企业,最终导致了整体经济全要素生产率的停滞。

参考文献:

[1] Anderson, Jonathan. 2011. Chart of the Day: Is There Really Such a Thing As a "Middle–Income Trap"? UBS Investment Research, Emerging Economic Comment, 21 July.

[2] Aoki, Masahiko. 2011. The Five–Phases of Economic Development and Institutional Evolution in China and Japan. ADBI Working Paper Series, No. 340. Tokyo, Japan: Asian Development Bank Institute.

[3] Athukorala, Prema –Chandra and Wing Thye Woo. 2011. Malaysia in the Middle–Income Trap. Paper prepared for the Asian Economic Panel Meeting at Columbia University, New York City, March 24–25.

[4] Barro, R. and X. Sala–i–Martin. 1995. Economic Growth. New York: McGraw–Hill, Inc.

[5] Eeckhout, Jan and Boyan Jovanovic. 2007. Occupational Choice and Development. NBER Working Paper Series, No. 13686.

[6] Eichengreen, Barry, Donghyun Park, and Kwanho Shin. 2011. When Fast Growing Economies Slow Down: International Evidence and Implications for China. NBER Working Paper, No. 16919.

[7] Hansen, G. D. and E. Prescott. 2002. Malthus to Solow. American Economic Review, 92: 1205–1217.

[8] Hayashi, Fumio and Edward C. Prescott. 2002. The 1990s in Japan: A Lost Decade. Review of Economic Dynamics, Vol 5, Iss 1, pp. 206–235.

[9] Kuijs, Louis. 2010. China Through 2020 – a Macroeconomic Scenario. World Bank China Research Working Paper, No. 9.

[10] Whalley, John, and Xiliang Zhao. 2010. The Contribution of Human Capital to China's Economic Growth. NBER Working Paper, No. 16592.

[11] 霍米·卡拉斯.2011. 中国向高收入国家转型——避免中等收入陷阱的因应之道,载林重庚,迈克尔·斯宾塞编著.中国经济中长期发展和转型:国际视角的思考与建议.北京:中信出版社,470-501.

[12] 李慧勇, 孟祥娟.2010. 劳动力成本上涨将改变企业利润格局——劳动力成本与通胀、企业利润的比较研究.专题研究(SWS Research), 07-01.

[13] 斯蒂芬·L·帕伦特,爱德华·C·普雷斯科特.2010.通向富有的屏障.北京:中国人民大学出版社.

[14] 速水佑次郎,神门善久.2009.发展经济学——从贫困到富裕.北京:社会科学文献出版社.

[15] 王庆,章俊,Ernest Ho.2009.2020 年前的中国经济:增长减速不是会否发生,而是如何发生.摩根士丹利·中国经济,摩根士丹利研究部(亚洲/太平洋),09-20.

[16] 西奥多·舒尔茨.1999.改造传统农业.北京:商务印书馆.

[17] 印德尔米特·吉尔,霍米·卡拉斯等.2008.东亚复兴:关于经济增长的观点.北京:中信出版社.

[18] 中国现代化战略研究课题组,中国科学院中国现代化研究中心.2010.中国现代化报告 2010——世界现代化概览.北京:北京大学出版社.

自述之八

中国在2010年经济总量超过日本，成为世界第二大经济体之时，也以其人均GDP水平跨进了中等偏上收入水平国家的行列。与此同时，正如前面几篇文章所揭示的，中国经济发展也发生了阶段性的重大变化。也就是说，以往造就中国高速增长的源泉即将耗竭，能否获得新的增长源泉决定了未来的增长潜力，以及中国能否顺利进入高收入国家的行列。

根据许多国家和地区的经验，人们发现，比之少量成功进入高收入行列的经济体，如日本和亚洲四小龙，更多的国家长期徘徊于中等收入阶段，始终未能完成向高收入的跨越。有鉴于此，世界银行经济学家创造了“中等收入陷阱”这个概念，借以提示中国这样处在中等收入阶段的国家，不要想当然地认为以往的成功经验可以保证继续管用。尽管有许多争议，我发现这个概念对于描述中国所处发展阶段，揭示中国所面临的严峻挑战，具有很强的针对性。

既然我认为这个概念对于认识中国的问题是有益的，一些受人尊重且具有广泛影响力的经济学家，对中等收入陷阱概念的使用持有异议这一情况，自然促使我撰写了《“中等收入陷阱”的理论、经验与针对性》一文，并发表于《经济学动态》2011年第12期。在该文中，我从发展经济学理论、各国经验教训以及中国现实的角度，对中等收入陷阱作为经济学概念的可行性，以及现实针对性和政策含义作了阐述。通过这个分析，我希望这个概念可以成为发展经济学中广为讨论的理论问题中的一个重要逻辑环节，也使读者对中国面临挑战的性质有更深刻的认识。其实，这样一篇万把字的论文还不足以达到这个目标，随后我又完成了一本题为《避免“中等收入陷阱”——探寻中国未来的增长源泉》的专著，于2012年秋季出版。

与前述一些严肃的持不同观点的经济学家不同，近年来在学者圈子里，还出现了一种时髦的论战模式，即有些学者对自己不赞同的观点，动辄将其提出的概念冠以“伪命题”。有幸或者不幸的是，我所发起讨论的诸如刘易斯转折点、人口红利及至中等收入陷阱等概念，都被戴上了这个帽子。由于科学上讲的伪命题或不真实的命题，是指一种判断既不符合客观事实，也不符合理论预期的情形，因此，回应这些不同意见的方式，无疑是继续进行经验研究，提供更多的证据。此外，由于我们归根结底是理论工作者，因此，还有必要从更基础的问题上进行一些讨论，即回答我们为什么需要理论。

经济学家通常认为，理论的意义在于抽象，即把千变万化的现象加以归纳、提炼，放置到一个框架中，以便寻找现象背后的规律性。换句话说，这种抽象使我们可以使用地理理论和地图去把握世界，而不必走遍地球的每一个角落。进一步，经济学家更看重借助理论去预测尚未发生的事件。因此，正如弗里德曼所主张的那样，预测能力越强的理论就是越好的理论。我们退一步看，理论还是一种与一系列特征化事实或经验相关的概念，并且与特定的认识论和方法论相联系，可以使我们透过表面和假象去认识事物的趋势或者本质，使我们不致受到传统观念的束缚。

按照官方汇率计算，2012年我国人均GDP达到了6100美元。如果保持过去30余年平均增长速度，到2020年全面建成小康社会之时，我国便可以进入世界银行所定义的高收入国家行列。但是，随着人口红利的消失，影响经济增长的各种因素都会发生巨大的变化，潜在增长率已经明显降低。更重要的是，在这个阶段还有犯错误从而经济增长停滞的潜在危险，因此，如何通过制度变革提高潜在增长率，获得制度红利，是中国能否顺利跨越中等收入阶段，避免中等收入陷阱的关键。下面所选文章讨论的户籍制度改革，即是通过改革创造制度红利的一个重要方面。

户籍制度改革与城乡社会福利制度统筹*

一、引言

中国特有的户籍制度，表面上是一个人口登记制度，表现为人口居住权的城乡分割，即以城乡为主要分野，出生地决定了一个居民的户口登记地。而且，户籍的转变是有条件的，当这个条件十分严苛时，实际上就剥夺了居民自由迁徙的权利。在20世纪80年代改革之前，这种状况无疑是常态和典型的。人们一般都承认，经济体制改革以来，户籍制度也相应进行了改革。但是，对于户籍制度改革的进展，学术界常常并没有给予充分的认可和评价（如Chan and Buckingham, 2008; Chan, 2010），甚至仍然把中国的城乡分割与印度的种姓制度相提并论（Whyte, 2010）。细究之，在各类研究中这种低估户籍制度改革进展的倾向，来源于对户籍制度本身的狭隘理解。也就是说，如果仅仅把户籍制度看作是居民正式居住地的登记制度，似乎户籍制度变化不是那么显著。

当人们呼吁户籍制度改革，并且中央和地方政府事实上尝试进行改革时，并非仅仅因为这个制度具有人口居住登记的地域分割。从20世纪50年代后期户籍制度形成来看，当时的出发点有两个，并随后构成该制度的两个主要特征（参见Cai,2010）。一是防止农村劳动力的大规模流动，特别是流出农业生产。为此户籍制度要服务于城镇非农就业的排他性，拥有农业户口意味着只能从事农业生产。二是保障城市基本生活品和最低社会福利的供给，为此也要针对农村人口做出排斥性的制度安排，因而形成城乡分割的并且差异巨大的社会福利供给。如果从户籍制度的这两个内涵而不仅仅是形式来观察，伴随着经济改革特别是市场发育的进程，户籍制度改革的效果也是十分明显的。

正如中国其他领域的经济改革一样，户籍制度改革也是结合了“自下而上”和“自上而下”两种方式，即一方面，受到提高收入和改善生活的动机驱动，农村劳动力跨地区流动突破了户籍对居住和就业的地域约束，同时也实现了资源的重新配置（如参见蔡昉、王德文，

* 本文原载于《经济研究》，2010(12)。

1999)；另一方面，政府先是默许、允许劳动者离开农村居住地，随后政策逐步转变为鼓励劳动者外出就业，及至主动促进劳动力向城市流动，改善农民工在城市就业和居住的制度环境。由于这项改革涉及对传统制度安排的调整乃至废除，因此，在整个户籍制度改革过程中，政府的改革动机和推动作用格外重要。因此，记录和解释这项改革需要将其置入一个政治经济学的框架，观察所有当事人即农村劳动力、城市居民、中央政府和地方政府的动机、行为及其互动。

中国经济面临的是双重转变，一个是作为发展中国家必然要经历的二元经济结构转换，另一个是作为原计划经济国家所要完成的向市场经济的转轨。这两个过程所经历的阶段性重要变化，赋予了户籍制度改革某些特征，形成三个阶段。第一个阶段是在计划经济框架内进行的边际性改革，大致是从20世纪80年代初至90年代中期。第二个阶段是加快向市场经济体制转轨的过程中的改革，大致是从90年代中期到21世纪初(譬如可以说2003年)，第三个阶段的改革是在二元经济发展出现根本性的阶段变化之后，即2003年以来。三个阶段中的每个时期，户籍制度改革都具有一些重要的进展，而最近的改革阶段则更具有彻底性，预示着户籍制度的寿终正寝。

本文拟从政府政策对变化着的情况做出的反应着眼，按照三个阶段的划分来叙述户籍制度改革，并评价其已经获得的成果。关于21世纪以来最新的改革阶段，我们则给予较高的关注程度。由于户籍制度并不仅仅是一种人口登记方式，而更是城乡社会福利分割的制度形式，因此，本文的描述和分析既着眼于人口就业和居住地的变化，也从更广义的角度即社会福利供给理念和方式的变化进行。本文的以下部分将这样组织：第二部分阐述典型的二元经济发展阶段上，围绕从计划经济向市场经济转轨进行的户籍制度改革。第三部分在判断经济发展新阶段即刘易斯转折点到来的前提下，重点阐述这一阶段性变化如何影响农村劳动力的制度需求，以及政府的改革动机。第四部分进行总结，同时通过对若干改革难点的分析，从改革方向上提出政策建议。

二、作为经济体制转轨的户籍制度改革

众所周知，中国的经济改革滥觞于农村，以实行家庭联产承包责

任制为主要特征。这种旨在解决农业生产激励问题的改革,无可争议地大幅度提高了农业劳动生产率,释放出改革之前长期积淀的剩余劳动力。因此,在家庭联产承包责任制解决了温饱问题之后,提高农民的收入水平,必然提出劳动力向农业生产以外转移的要求。需要指出的是,中国经济改革并非从一开始就明确了放弃计划经济体制,而确立建立社会主义市场经济体制的目标,则更是迟至20世纪90年代初。然而,正像在中国改革的诸多领域一样,户籍制度改革,在没有明确市场经济改革目标的情况下就发生了,表现为农村劳动力向非农产业和城镇转移。

学者们通常认为,在很长的时间内,农业劳动力转移的模式都是就地转移到乡镇企业。的确,政府号召劳动力转移“离土不离乡”。但是,由于乡镇企业并不能足够地吸纳从农业中剩余出来的劳动力,各地乡镇企业的发展也不平衡,不是到处都有“离土不离乡”的机会。例如,1985年农村共有3.7亿人就业,其中转移到乡镇企业的只占18.8%,仍然有3亿劳动力务农。按照当时的估算,农业中大约30%~40%的劳动力是剩余的,绝对数约为1亿~1.5亿(Taylor, 1993, Chapter 8)。为了解决这个发展问题,一方面农民本身必然要自发地突破制度障碍,实现流动就业,另一方面政府政策不可回避地要对此做出反应,即对阻碍劳动力流动的制度障碍做出调整。

实际上,随着城市改革于20世纪80年代中期以后速度加快,乡镇企业的发展也开始徘徊。因此,农民开始跨地区流动,向包括大中小各种规模城市转移,寻找非农就业岗位。各种制度障碍的逐渐拆除是劳动力得以跨地区流动的关键。80年代以来,政府逐步解除限制农村劳动力流动的政策约束。例如,随着农村劳动力就地转移渠道日益狭窄,1983年政府开始允许农民从事农产品的长途贩运和自销,第一次给予农民异地经营以合法性。1984年进一步放松对劳动力流动的控制,甚至鼓励劳动力到邻近小城镇打工。而到1988年中央政府则开了先例,在粮票制度尚未取消的情况下,允许农民自带口粮进入城市务工经商。到90年代,中央政府和地方政府分别采取一系列措施,适当放宽对迁移的政策限制。所有这些方面的变化,无疑意味着对户籍制度进行了一定程度的改革。

不过,在这个时期,计划经济尚未被放弃,户籍制度仍然被当做理所当然的制度安排。所以,任何政策调整,或者虽然政策并未正式进行调整,但政府默许了许多劳动力流动本身及其管理中的妥协行为,都仍然被限制在户籍制度的框架内。也可以说,各种突破传统制度框架的行为,如果发展良好并适应特定时期、特定地区的务实需要,就被允许或容忍,否则便被加以控制和扭转。或者说,这个时期的户籍制度改革是在计划经济边界上的调整,其进程似乎仍然是可逆的。

20世纪90年代,中国社会主义市场经济体制改革模式得以确立,使这十年成为具有重要转折意义的时期。以1992年年初邓小平南方谈话和同年秋天召开的中国共产党第十四次代表大会为里程碑,中国的改革开放和经济发展进入到一个崭新的时期,劳动力市场的发育成果格外突出,也大大加快了户籍制度改革的进程。我们以90年代中期为转折点,认为户籍制度改革进入其第二个阶段。

这个时期劳动力市场发育的一个重要表现是,沿海地区以劳动密集型制造业为主的外向型经济的发展,以及所有制形式多元化推动的城市经济发展,产生对农村劳动力的巨大增量需求,因此,农村向城市、中西部向东部地区的劳动力流动规模显著扩大,形成了引人注目的民工潮。顺应这个劳动力市场扩大和一体化的趋势,一系列阻碍劳动力流动的制度得到改革和调整。例如,从20世纪50年代中期开始实行的粮食等食品定量销售制度,在90年代初被全面废除,解除了人口流动的一个重要制度羁绊。

劳动力市场发育的另一个表现是,从20世纪90年代中期以后,城市就业政策和企业劳动制度开始改革, 逐渐打破大锅饭。及至在经历了1997年东南亚金融危机和宏观经济不景气所导致的大规模下岗失业之后,政府实施了积极的就业政策,也更多地利用劳动力市场机制解决就业问题。在城市初步建立起社会保障体系。随着就业形势逐渐好转,农村劳动力转移环境得到改善,城乡劳动力市场一体化程度提高。

不过,这个时期结束之前,中国处在一个典型的刘易斯式的二元经济发展阶段:农村劳动力源源不断地转移到沿海地区和城镇,在非农产业就业;由于劳动力无限供给的特征,农民工只挣取较低的工资,工资水平多年不变。虽然劳动力市场的发育,特别是其推动的劳动力流动,本身就意味着户籍制度的改革,但是,户籍制度在这个时期执行着两个任务,使其仍然具有传统功能。

第一,户籍制度发挥着保护城市劳动者优先获得就业机会的作用。由于农村劳动力剩余和城市企业冗员同时存在,进城农民工与城市劳动者,特别是那些非熟练工人之间存在竞争关系,因此,城市政府以户口状况作为合法依据和识别手段，对农民工采取实用主义的态度，对城市居民就业进行保护。蔡昉等(2001)通过经验研究发现，城市政府根据城市就业压力的周期性变化，而对农民工交替采取默许接受和明确排斥的政策。也就是说，除了常规地制定若干针对农民工的歧视性就业限制政策之外，每当城市经济不景气从而就业压力增大的时候，城市政府采取各种手段限制农民工在本地的就业①，直至采取强制性手段督促他们回乡。

第二，户籍制度发挥着排斥农村迁移者均等享受城市社会福利待遇的作用。在20世纪90年代末遭遇就业冲击的过程中，政府构建起了覆盖城市职工的基本社会保险体系，包括基本养老保险、基本医疗保险、失业保险等，以及城镇最低生活保障制度。虽然一些基本社会保险项目的覆盖率并不很高，但是，城镇职工从制度安排上是享有参与权利的，而户籍不在本地的农民工则从制度上被排斥。除此之外，他们也没有被政府就业扶助政策所覆盖，一旦发生各类冲击，则往往陷于缺乏社会保护的境地。

可见，在劳动力无限供给的二元经济发展阶段上，城乡居民之间仍然存在着较强烈的利益对峙。城市居民所具有的较强的谈判能力或政策影响力，使其在利益博弈中处于优势地位(Olson, 1985;Cai, 2010)，户籍制度难以得到根本性突破。这个时期，虽然有一些直接涉及户籍的制度改革，但是，都没有达到应有的效果。例如，从2000年开始，小城镇的户籍基本放开，实现了低门槛落户。一些城市，包括石家庄这样的省会城市，也显著放宽了落户条件，但是，由于缺少就业机会，不能提供与原市民相同的社会福利，如养老保障、医疗保障、入学和升学等，并不能吸引新移民落户。而另外一些城市虽然宣布取消农业和非农户口名义差别，由于居住在城市或乡村，居民并不能享受同样的社会福利，所谓的改革也只是一纸空文(Wang and Cai, 2010)。

三、刘易斯转折点与改革激励

农村劳动力大规模转移并在城市就业，必然相应减少农业中劳动

---

① 20世纪90年代一些大城市公布了岗位目录，规定企业的一些岗位不得雇用外来劳动力(蔡昉等，2001)。

力的剩余水平。特别是,中国人口转变的结果已经到了这样的阶段,劳动年龄人口的增长速度逐年降低(蔡昉,2010a)。与此同时,高速经济增长保持着巨大的劳动力需求,以致出现劳动力需求增长快于劳动力供给增长的局面。自2003年以来,“民工荒”或广义地说劳动力短缺现象持续出现,农民工工资逐年上涨。不仅如此,农业中雇用劳动的工资水平也大幅度上升(表1),表明农业剩余劳动力减少、非熟练工人短缺和工资提高之间的一致性。按照刘易斯(Lewis,1954)的定义,这种现象标志着中国经济到达了刘易斯转折点 (Cai and Wang,2010)。与此同时,户籍制度改革进入到一个新的阶段,预示着并显示出更为根本性改变的到来。由于2004年是一个诸多显著变化发生的年份,如中国有史以来第一次出现普通劳动者的短缺、非熟练工人工资自此以后持续上涨、农业劳动力成本提高从而劳动力投入大幅度减少,以及政府应农民工的新需求做出了一系列努力, 改善农民工就业和生活环境等,因此,我们可以大致把2004年视为刘易斯转折点的标志性年份,也是户籍制度改革新阶段的起始年份。

表1 2003~2008年工资年均增长率(%)

	农业雇工日工资		非农产业月工资
粮食	15.1	制造业	10.5
棉花	11.7	建筑业	9.8
规模养猪	21.4	农民工	10.2

资料来源:粮食雇工工资是根据国家发展和改革委员会价格司编,《全国农产品成本收益资料汇编》(历年)数据计算得到;制造业和建筑业工资根据国家统计局人口和就业统计司、人力资源和社会保障部规划财务司编,《中国劳动统计年鉴》(历年)计算得到;农民工工资根据国家统计局农村社会经济调查司编,《中国农村住户调查年鉴》(历年)(北京,中国统计出版社)计算得到。

刘易斯转折点到来后,最具根本性的表现是劳动力市场供求关系的变化,即从长期的劳动力无限供给到出现持续短缺。虽然这时并没有出现实质性的劳动力不足,但是,长期不变的工资率不再能够保持劳动力的源源不断供给。同时,仅仅工资的上涨尚不足以满足劳动者的需求,全社会还预期一系列制度变革来适应发展阶段的变化。针对中国特殊的情况，这个发展阶段可以被概括为以下几个新特点。第一，建立市场经济体制的目标已经明确，发育统筹城乡的劳动力市场已经成为改革取向。第二，劳动力无限供给特征消失，就业的总量矛盾让位于结构矛盾，城乡居民就业不再具有直接的总量冲突。第三，社会福利特别是基本社会保险的社会化，城乡共享的基本公共服务理念已经形成，城市居民与新移民之间的利益冲突也相应缓和。因应这一系列变化，政府理念和行为必然发生根本性改变。

在迄今为止的改革过程中，中国政府表现出高度关注经济发展的热情。地方政府更是积极介入地方经济发展的各个领域，表现出典型的发展型政府特征（Walder, 1995; Jin et al., 2005）。特别是资本要素稀缺、存在投资缺口的条件下，在宏观层面，各级地方政府在招商引资上做出的努力之大；在微观层面，政府帮助企业融资、直接介入具体操作过程之深，皆为世界罕见。然而，随着总体经济发展水平提高和刘易斯转折点的到来，生产要素的相对稀缺性发生了变化，劳动力也日益成为稀缺要素。作为典型的发展型政府，必然对企业的招工难做出反应。除了直接介入，帮助本地企业招募工人之外，也着眼于以改善人力资源流入和投资经营环境为目标的相关制度建设。

更一般地来看，中国特色的发展型政府正在按照其自身既有的逻辑发生转变。正如梯波特（Tiebout, 1956）所指出，地方政府可以通过调整地方公共服务内容、力度和方式，达到影响外来迁移的目的。当人力资源成为相对稀缺的生产要素，更进一步，当良好的人类发展环境成为地方经济和社会发展重要因素时，发展型政府将把直接干预经济活动的职能，至少部分地转向改进地方公共服务供给环境（蔡昉，2010b）。而以人为本科学发展观的倡导，以及客观上刘易斯转折点的到来，恰恰创造了这样一种新的政府激励。换句话说，正是由于劳动力供求关系的总体变化，使得中央政府统筹城乡就业和均等化公共服务的号召，与地方政府和城市居民之间形成了更高的激励相容性。

这个新的制度环境主要表现为劳动力市场制度建设加快，农民工被纳入就业保护。以2003年的“孙志刚事件”的处理，以及2004年中央领导直接干预农民工欠薪水问题等为标志，相应劳动力市场制度经历了从无到有和由破而立的演进（参见Cai, 2010）。一个最引人注目的立法，是2008年开始实施的《劳动合同法》。该法要求企业与所有雇用职工签订劳动合同，并为其缴纳基本社会保险金。这一条文主要针对的是农民工就业的不稳定性、社会保障覆盖水平低和缺少社会保护。同一年开始实施的法律还有《劳动争议调解仲裁法》,使劳动者可以在没有交易成本的条件下,把企业侵权行为诉诸法律,激发起农民工的维权意识和行动。

最低工资的变化是劳动力市场制度做出反应的又一个例子。中国于20世纪90年代建立的最低工资制度,在实施后的很长时间内没有显著的提高,也没有把农民工纳入保护对象。2004年以来,中央政府要求各地至少每两年进行一次调整,并且要求把最低工资制度适用于农民工。近年来,最低工资标准的调整间隔缩短,提高幅度与市场工资率的提高幅度保持了同步。2010年开始实施包括农民工在内的城市职工基本养老保险关系接续和转移办法, 则主要是针对农民工流动性强,从而难以累积起足够的缴费年限的问题,该办法可以提高他们自己及其雇主加入基本养老保险的积极性。

四、新一轮户籍制度改革

在以前关于户籍制度改革的文章中(Cai,2010b),笔者发现一个现象:越是在户口中附着较多福利内容的地区,户籍制度改革越难以推进;而户籍制度不改革则又无法改变其附着的福利内容。这种情况形成一个户籍制度改革的悖论,造成改革“雷声大雨点小”,很长时间处于胶着状态。刘易斯转折点到来所激励的政府职能向提供公共服务方向的转变,以及劳动力市场制度建设,必然有助于解决前述户籍制度改革中的悖论,从而推动了新一轮户籍制度改革。由于制度环境发生的根本性变化,使这一轮改革具有更为彻底的性质,各地实践也更具可操作性。本节叙述2004年以来户籍制度及其相关制度改革的进展。

自20世纪90年代形成民工潮之后,2003年以后农民工总规模加快其增长, 外出6个月及以上的农民工从1.14亿增加到2009年的1.45亿,其中96%在城镇就业和居住。由于在2000年人口普查时,把城市人口的定义修正为在城市居住6个月及以上常住人口, 这个庞大的农民工以及家属队伍构成了城市化水平提高的主要成分。2009年城市化率达到46.6%。但是,这些在城镇居住和就业的迁移劳动力及家属,并没有获得城镇户口,因此也没有均等地享受城市社会福利或公共服务。而从拥有非农业户口人口比例看，显著低于城市化率,2007年两者之差为12个百分点(图1)。

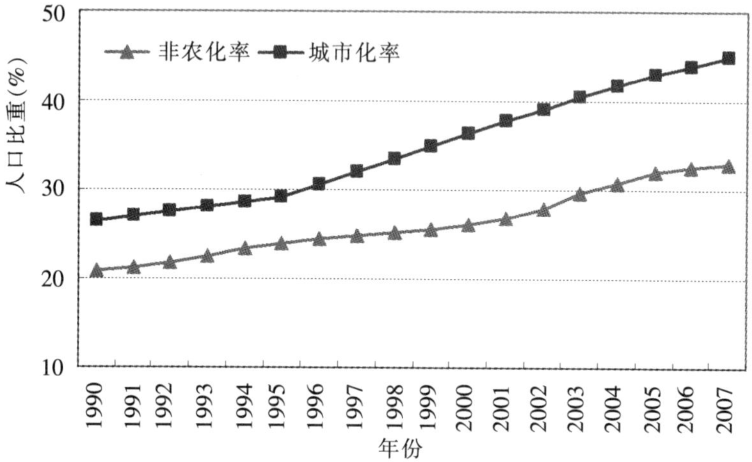

图1　人口的城市化率与非农化率

资料来源：国家统计局,《中国人口和就业统计年鉴》(历年)，中国统计出版社。

许多研究者以上述两个比例之间的差异作为证据,认为中国的城市化水平被高估，得出户籍制度改革进展甚微的结论（如Chan,2010;常红晓,2010)。的确,与城市户籍人口相比,农民工尚未获得均等的公共服务,如他们的基本社会保险覆盖率显著低于城市居民(表2),他们的子女在居住地接受义务教育仍有困难,更谈不上考高中和大学,他们也无权获得最低生活保障。不过,如上节所述,与以前相比,农民工及其家属可以享受的城市公共服务已经大幅度增多。此外,户籍制度改革的成绩不容低估,接纳农村人口正式落户的户籍制度改革推进速度已经明显加快。

表2　2009年劳动者社会保险覆盖情况(%)

	基本养老	基本医疗	失业保险	工伤保险	生育保险
城市职工	57.0	52.7	40.9	47.9	34.9
农民工	9.8	13.1	3.7	24.1	2.0

资料来源:国家统计局(2009);盛来运(2009)。

自2003年以来，每年新增非农业户口的人数规模巨大，增长率明显高于此前的时期。例如，在1991~2002年期间，平均每年新增非农业户口人数为947万，年均增长率为3.4%。而在2002~2007年期间，平均每年新增1646万，年均增长率为4.3%。由于无论在城市还是农村，人口的自然增长率都已经很低，并且逐年下降，因此，这个增大的非农户口人数主要来自于机械增长。另外，近年来大学扩招会导致农村大学生户口转为非农，同时新增大学生中的农村生源比例却在大幅度下降[①]，所以这也不足以解释这个加大的增量。因此，非农户口人数很大部分应该来自于农民工及其家属实现了在迁移地的正式落户。经历了2008~2009年全球金融危机之后，许多省市加大了户籍制度改革的力度。与以往的类似改革宣示和实践相比，这一轮改革在以下几点上有新的特征。

首先，新一轮户籍制度改革具有内在的改革动机。从政府改革激励看，两个趋势值得特别强调。一是自2003年就出现的，并于2010年春节以后更强烈表现出来的劳动力全面短缺现象，对沿海地区乃至中部地区的企业造成了实实在在的经营困难，并导致许多地区开工不足。政府必然对此做出必要的反应。许多沿海城市政府把户籍制度改革当做稳定劳动力供给的制度手段。二是政府推动城市化需要土地，而在“最严格的耕地保护制度”下，唯一可能得到的土地资源，是对农村迁移家庭宅基地的置换。重庆是一个典型的例子。重庆目前劳动力短缺问题并不是突出矛盾。可以说，重庆发展的制约是城市用地。所以，把户籍制度改革与土地问题联系起来，是其改革特色，更是其改革动机。改革需要有激励，像户籍制度这样主要靠政府推动的改革，政府激励尤为重要。不承认政府的改革激励，就难以推动改革的实质进展。

重庆市的户籍制度改革，有着明显的制度设计痕迹，特别表现在对进城农民土地的处置上面。这方面的制度设计要点有三：其一是对进城农民退出承包地和宅基地及附着建筑物的补偿。办法是参照退出时当地征地政策，并参照地票价款制度对宅基地使用权给予补偿[②]。其

① 目前城乡大学生的比例分别是82.3%和17.7%。而在20世纪80年代，高校中农村生源还占30%以上(李龙，2009)。

② 地票价款制度是重庆市的一种创新。即将闲置的农村建设用地进行复垦，按增加的耕地面积由主管部门向土地使用权人发给相应面积的“地票”，形成建设用地指标，可以在土地交易所内进行交易，在省范围内增加等量城镇建设用地。

二是退出的宅基地纳入地票交易制度,统筹处置,即复垦为耕地后可用于建设用地指标。其三是给予转户后宅基地和承包地处置三年的过渡期,为农民留了退路,解除了他们的后顾之忧。其中,土地特别是宅基地复垦所腾挪出的用地指标统筹使用,就是重庆市政府推进户籍制度改革的主要动机。

其次,改革措施更具可操作性。21世纪以来,许多地区都宣布和尝试进行户籍制度改革,尽管成效不一,但是,这个改革领域所具有的地方推动、相机决策的性质已经得以显示。既然面对的改革对象同是二元经济结构的制度形式——户籍制度,改革自然有其共性。总体上可以概括为:以实现公共服务均等化为改革目标,以条件准入为推进途径。不过,从各地实践的具体做法以及效果看,要么是门槛太高以致大多数农民工难以跨越,要么是未能实现进城农民享受与原居民同等的公共服务,大多数改革没有引人注目的突破。但是,当地方政府的确认识到加快户籍制度改革对于城市化这个经济增长新引擎的意义,许多地方大大降低了落户门槛。

2010年以重庆和广东为代表的这一轮户籍制度改革,在推进原则和方式上,同时满足了均等化公共服务和降低进入门槛两个标准,如重庆对进城务工经商的时间要求、购房与投资标准,以及纳税数额等,皆非可望而不可即的,而且规定农民转户后享受与原市民相同的就业、社保、住房、教育、医疗等待遇。广东省则将入户条件细化为学历、技能、缴纳社保,甚至做义工、志愿者和义务献血等多项指标,并赋予相应的分值,入户条件明确并量化。这样,户籍制度改革不再是随机和任意的,而成为个人可以预期的程序,整体上可以实现实质性推进的过程。

五、总结与政策建议

在从计划经济向市场经济转轨的过程中,户籍制度改革推动了农村劳动力流动就业,帮助中国实现了资源重新配置效率,为改革开放时期的高速经济增长做出了显著的贡献。然而,在劳动力无限供给、公共服务资源短缺的条件下,进城农民工与城市居民存在着就业机会和社会福利供给上的竞争关系,使得户籍制度改革不能完成,城市化不彻底，妨碍了农民工发挥其作为稳定劳动力供给和正常消费者的作用。当刘易斯转折点到来时，单纯依靠廉价劳动力和高储蓄率的人口红利逐渐式微，迫切需要创造新的经济增长源泉。而中央和地方政府看到了城市化的这个潜在贡献，形成了进一步深化户籍制度改革的强烈动机，并在中央政府、地方政府、转移劳动力、城市居民之间形成了激励相容，户籍制度改革在更广的范围内和更深的层次上展开。

归根结底，对于不同地区来说，政府完全可以也应该从不同的动机出发，推动户籍制度改革，如沿海地区为了吸引和留住人力资源，中西部地区为了挖掘内需潜力，急于赶超的地区则为了打破经济发展的资源(土地)瓶颈。激励不同自然会形成做法各异的制度设计和推进方式，进而形成户籍制度改革的多样性。因此，多样性是这个以分权为特点的改革的必然路径，甚至是其优势所在。因此，允许改革的多样性，是确保改革有动机、有动力，从而有更大的成功概率的关键。然而，正像户籍制度改革以往的经验所显示的，这一轮改革进程也不会从此一路凯歌前进。实际上，即使从目前最受关注和认可的改革试验中，如在重庆和广东，我们也可以看到其局限性。这些存在的问题不仅影响到未来城市化是否能够在实际上达到所预期的效果，还涉及地方政府与中央政府之间的共识从而改革的合法性。换句话说，推动户籍制度改革，地方政府需要激励，同时也需要获得合法性。

首先，在城市化加快的过程中不突破耕地保有量的红线，是中央与地方政府改革激励相容的关键点。重庆独创的地票交易机制，最终获得成功和得到认可的关键，在于置换出来的土地是否真正得到复垦。超越重庆市的范围看这个问题，关系到全国18亿亩耕地红线能否守得住的大局。在新农村建设中，我们听到许多关于合并村庄集中建房，以便置换出原村址和宅基地复垦为农田的说法，而在现实中，大量的例子表明这种复垦并未发生。

其次，如何在户籍制度改革的同时，建立起相应的劳动力市场制度和社会保护体系，防止城市病，是中央政府和输入地政府更加关心的。随着刘易斯转折点到来，城市对劳动力的需求持续扩大，加上农业生产方式的现代化，农业不再是剩余劳动力的蓄水池，实际上已经进城的农民不再可能回流。但是，这是就整体趋势而言，具体到农民个人，还是存在进城风险的，要从城市社会保护体系建设和进城农民的承包地和宅基地的处置方式等方面加以统筹考虑，防止出现新移民的贫困和边缘化现象。

第三，如何把地方政府的改革举措与城市化全局相协调，同样影响户籍制度改革的效果。重庆户籍制度改革的受益者主要是本市户籍的农民，广东省实行的“农民工积分制入户城镇”办法，也只是针对拥有本省户籍的农民工，改革都还没有惠及外地农民工。而就中国总体而言，户籍制度改革急需破题的是如何实现跨省流动农民工及其家属的市民化。目前在1.45亿跨乡镇流动的农民工，以及至少几千万随迁家属中，在城镇居住和工作的占95%以上，在县级城市的占80%以上，跨出省界的占51%。因此，如果全国各地都采取局限于本省户籍人口的改革模式，则意味着流入沿海地区务工的中西部农民工，被户籍制度改革所遗忘。

因此，在允许和鼓励地方政府从自身实际需求出发先行先试、大胆探索之外，中央政府应及时总结各地经验和教训，结合国际经验特别是日本、韩国等城市化经验，对基本公共服务内涵和覆盖水平、进城农民承包地和宅基地处置办法、地方性改革与整体改革的衔接性等提出指导性意见，以规范地推进户籍制度改革。

参考文献：

[1] Cai, Fang. 2010. The Formation and Evolution of China's Migrant Labor Policy, in Zhang, Xiaobo, Shenggen Fan, and Arjan de Haan (eds), Narratives of Chinese Economic Reforms: How Does China Cross the River? New Jersey: World Scientific Publishing Co. Ltd. pp. 71–90.

[2] Cai, Fang. 2010b. Labor Market Development and Expansion of Rural and Urban Employment, in Cai, Fang (ed.) Transforming the Chinese Economy, 1978–2008. Leiden·Boston: Brill.

[3] Cai, Fang and Meiyan Wang. 2010. Growth and Structural Changes in Employment in Transition China. Journal of Comparative Economics, Vol. 38, pp. 71–81.

[4] Chan, Kam Wing. 2010. The Household Registration System and Migrant Labor in China: Notes on a Debate. Population and Development Review, (36) 2: 357–364.

[5] Chan, Wing Kam and Will Buckingham. 2008. Is China Abolish-

ing the Hukou System? The China Quarterly, Vol. 195 (September), pp. 582-606.

[6] Jin, Hehui, Yingyi Qian and Barry R. Weingast. 2005. Regional Decentralization and Fiscal Incentives: Federalism, Chinese Style. Journal of Public Economics, 89, pp.1719-1742.

[7] Lewis, Arthur. 1954. Economic Development with Unlimited Supplies of Labour. The Manchester School of Economic and Social Studies 22, pp.139-191.

[8] Olson, M. 1985. The Exploitation and Subsidization of Agriculture in the Developing and Developed Countries. Paper presented to the 19th conference of International Association of Agricultural Economists, Malaga, Spain.

[9] Taylor, J. R. 1993. Rural Employment Trends and the Legacy of Surplus Labor, 1978-1989, in Kueh, Y. Y. and R. F. Ash (eds.), Economic Trends in Chinese Agriculture: The Impact of Post-Mao Reforms, New York: Oxford University Press.

[10] Tiebout, C. 1956. A Pure Theory of Local Expenditures. The Journal of Political Economy, 64(5): 416-424.

[11] Walder, Andrew. 1995. Local Governments As Industrial Firms. American Journal of Sociology, 101(2).

[12] Wang, Meiyan and Fang Cai. 2010. Future Prospects of Household Registration System Reform, in Cai, Fang (ed.), The China Population and Labor Yearbook Volume 2: The Sustainability of Economic Growth from the Perspective of Human Resources, Leiden·Boston: Brill.

[13] Whyte, Martin King. 2010. The Paradoxes of Rural-Urban Inequality in Contemporary China, in Whyte, Martin King. (2010). One Country, Two Societies: Rural-Urban Inequality in Contemporary China. Cambridge, Massachusetts: Harvard University Press, pp. 1-25.

[14] 蔡昉.2010a.人口转变、人口红利与刘易斯转折点.经济研究,(4).

[15] 蔡昉.2010b. 刘易斯转折点与公共政策方向的转变——关于中国社会保护的若干特征性事实.中国社会科学,(6).

[16] 蔡昉,都阳,王美艳.2001.户籍制度与劳动力市场保护.经济研

究,(12).

[17] 蔡昉,王德文. 1999.中国经济增长可持续性与劳动贡献.经济研究,(10).

[18] 常红晓.2010.陈锡文:中国城镇化率严重高估,至少两亿人未享受市民待遇.凤凰网(ifeng.com), http://finance.ifeng.com/news/special/cxcmzk/20100808/2489629.shtml.

[19] 国家统计局.2009.中国统计年鉴 2009,北京:中国统计出版社.

[20] 李龙.2009.农村大学生比重为何少了一半.广州日报,01-24.

[21] 盛来运.2009.金融危机中农民工就业面临的新挑战.提交“城乡福利一体化学术研讨会”论文,四川成都,04-16.

自述之九

我本人是最早也是最持之以恒挑战户籍制度的学者之一。自20世纪80年代初以来,中国独特的户籍制度经过多年的渐进改革,迄今为止发生了重要的变化,其内涵已经与几十年之前大不相同。但是,既然它仍然发挥着阻碍农民工享受与城市居民相同的公共服务的作用,说它是计划经济体制的最后堡垒也不为过。讨论户籍制度改革的文章我写过不计其数,这一篇本是应斯蒂格利茨教授之约写作的英文文章,其中文稿以《户籍制度改革与城乡社会福利制度统筹》为题发表于《经济学动态》2010年第12期。

这篇文章的特点是不简单地把户籍制度看作一种人口登记制度,而是将其与城乡社会福利制度安排联系起来,并按照这个逻辑关系,回顾了改革的历史,评价了新一轮改革的特点,展望了改革前景,提出了政策建议。由此文的讨论,自然会得出农民工市民化是户籍制度改革的核心内容这样一个结论。而这在后来的官方文件表述中,以及在学术讨论和政策决策中,已经成为了共识。

制度变革的推动力是改革主体与改革目标之间的激励相容。按照政治经济学的逻辑,当中国经济跨越刘易斯转折点,特别是人口红利消失之后,中央政府和地方政府对劳动力流动采取了更加鼓励的政策,城市居民对进城农民工也更加宽容,形成新一轮改革的动力。当我们把社会福利制度作为户籍制度的内涵来观察时,就不难看到改革的进程明显加快,改革也更加触及深层问题。

可能存在争议的是,如何评价已有的一些地方性改革经验。固然,我们并不能从诸如广东、重庆和成都的局部尝试中得出改革已经成功的结论,但是,从中可以发现一些值得重视的问题。其一,任何改革都需要得到必要的激励。户籍制度改革是一种公共政策改革,改革主体、对象和推动者都是政府。因此,激励机制对于政府是必要的。要马儿跑,又不想要马儿吃草是行不通的。其二,改革的推动者需要赢得必需的合法性。对于地方政府来说,不要突破耕地的红线,不能剥夺农民的生计及其手段,都是改革的先决条件。综合考虑这两个前提,改革应该是顶层设计和局部推进相结合的过程。这一点,我是在后来的文章中才更加明确地加以强调的。

这篇文章没有涉及的还有一个重要的问题，就是以农民工市民化为主要内容的户籍制度改革，如何有助于保持中国的经济增长可持续性。后来的研究显示，劳动年龄人口在2010年之后开始负增长的情况下，要保持劳动力的充分供给必须靠提高劳动参与率。与此同时，通过劳动力资源重新配置提高全要素生产率，对于保持经济增长具有前所未有的重要意义。按照目前劳动力市场自发形成的激励强度，已经不足以保持必要的农村劳动力转移幅度，必须从公共政策改革中获取更大的激励。

在现行户籍制度条件下，1.6亿农民工虽然生活和工作在城市，却没有城镇户口，意味着他们作为城镇所需劳动力的主要供给者，就业预期不稳定，从终身来看，非农劳动参与率也较低。这表现在，一方面，随着宏观经济的波动，农民工常常受到周期性失业的冲击，许多人甚至不得已而返乡。另一方面，由于不能享受相关的社会保险和社会救助，特别是不能预期在城市颐养天年，他们在较低的年龄上就主动退出了城市劳动力市场。因此，能够让转移出来的农村人口在城市合法定居的户籍制度改革，可以直接通过提高劳动参与率，同时创造资源重新配置效率，进而提高潜在增长率。这直接就是广为谈论的改革红利。

转型发展新机制
经济增长新引擎
供转型发展新动力
供稳定发展新手段

对话2013 寻找经济转型新动力

孙才仁 李春喜 著

山西人民出版社

ISBN 978-7-203-07868-5
定价：35.00元